Emilio José Ocampos Palomar

LA POESÍA NEOPLATÓNICA DE JUAN VALERA

Estudio y antología

Granada, 2025

COMARES LITERATURA

Esta publicación es parte de la ayuda JDC2022-049079-I,
financiada por MCIN/AEI/10.13039/501100011033
y por la Unión Europea «NextGenerationEU»/PRTR.

Ilustración de cubierta:
Detalle de *El nacimiento de Venus* (c. 1482-1485), de Sandro Botticelli.

Maquetación y diseño de cubierta:
Virginia Vílchez Lomas

SUMARIO

ESTUDIO

ANTOLOGÍA

Juan Valera

ESTUDIO*

Palabras introductorias

Juan Valera ha sido un autor ampliamente estudiado como prosista, pero prácticamente olvidado como poeta. Su obra poética ha merecido poca atención crítica, a pesar de que sea imposible excluirlo de cualquier introducción a una antología de la poesía del siglo XIX (por ejemplo, Palenque, 1991; Navas Ruiz, 2000; o Urrutia, 2008), debido a la relevancia de su participación en el debate poético decimonónico (véanse *Estudios críticos*, 1864; *Canciones, romances y poemas*, 1885; y *La metafísica y la poesía*, 1891).

Su tipo de poesía ha hecho que la crítica lo sitúe entre los poetas cultos, academicistas o de erudición clasicista (Cossío, 1960, I: 677-730; Urrutia, 2008: 171-177; Palenque, 1990: 161-164; Navas Ruiz, 2000: 17-26), y, en este sentido, no podemos obviar su actividad traductora como parte de su obra poética (Romero Tobar, 2006; Torralbo Caballero, 2011)[1]. Sobre el clasicismo poético de Valera se pronunciaron sus prologuistas: su tío Alcalá Galiano y su buen amigo Menéndez Pelayo en *Canciones, romances y poemas* (1885), quienes coincidieron en resaltar dos aspectos fundamentales en los versos de Valera: la erudición y el idealismo. Para Alcalá Galiano la poesía de su sobrino es «poesía sabia» (en Valera, 1885:

* Agradezco a la directora y al editor del *Boletín de la Biblioteca Menéndez Pelayo* el permiso de reproducción de este estudio, publicado en el número 2 de su volumen 100 y ahora reelaborado y revisado.

[1] Para profundizar en el Valera traductor véanse los trabajos de Juan de Dios Torralbo Caballero o la entrada sobre Valera, a cargo de Leonardo Romero Tobar y con una amplia bibliografía crítica, en el *Diccionario Histórico de la Traducción en España* del *Portal digital de Historia de la Traducción en España*, dirigido por Francisco Lafarga y Luis Pegenaute: https://phte.upf.edu/dhte/castellano-siglo-xix/valera-juan/.

38), advirtiendo de la mezcla de estilos, culto y llano, tal y como se encuentra, según él, en grandes poetas clásicos y modernos, y, además, Alcalá Galiano considera a Valera «un pensador, a quien nuevas doctrinas traen al espiritualismo» (en Valera, 1885: 43). Para Menéndez Pelayo, «es, pues, la poesía del Sr. Valera poesía reflexiva, erudita, sabia y llena de intenciones» (en Valera, 1885: 509), y anota su sentido neoplatónico; así, aprovecha el comentario a las composiciones que se titulan «A Lucía» para destacar la vertiente poética dominante en Valera, el neoplatonismo (en Valera, 1885: 513-514). Sabio y espiritualista o erudito y neoplatónico, dos rasgos que no pueden separarse en una lectura de la poesía de Valera, donde el mundo ideal se alcanza a través de la sabiduría.

Este pensamiento filosófico en la poesía de Valera es evidente, aunque Antonio García dijese que «el autor no sigue sistema alguno conocido de filosofía; y si lo sigue, no trata de propagarle ni explicarle en verso» (30/06/1858: [2]). A este respecto algunos trabajos han identificado la belleza ideal, la pureza o la luz del alma en los versos de Valera (Roca Franquesa, 1947; Torralbo Caballero, 2006), pero aún no se ha estudiado detenidamente, y siguiendo la línea crítica que abría Menéndez Pelayo, la lógica neoplatónica de la poesía de Valera.

Por tanto, partiendo de los conocedores y comentaristas de la poesía de Valera, en este estudio introductorio se profundiza en la poética neoplatónica del autor desde diferentes aspectos: el significado de «poeta» y «poesía», las huellas del petrarquismo y del neoplatonismo cristiano, y, por último, la ironía platónica o autoironía. Una poética que se enmarca en su concepción del arte como *anamnesis*[2] y que se mueve en la dialéctica de la luz y la sombra. La luz es

---

[2]   «El arte no es meramente la imitación de la bella naturaleza. Para imitar la bella naturaleza es menester saber distinguirla de la fea. Hay, pues, en nosotros un criterio artístico que precede a la imitación y aún a la observación; hay en nosotros un ideal de hermosura que nos sirve de norma y de guía para conocer la hermosura real y reproducirla en nuestras obras, purificándola y limpiándola de sus imperfecciones y lunares» (1864, II: 8-9). Para comprender cómo se despliega esta idea en *Estudios críticos sobre literatura, política y costumbres de nuestros días* (1864), véase Rivas Hernández (2008).

Respecto a la novela, es conocido y citado este sentido estético de Valera. Pueden destacarse las siguientes palabras del prólogo a la segunda edición de *Pepita Jiménez*: «Es evidente, sin embargo, que una novela bonita no puede consistir en la servil, prosaica y vulgar representación de la vida humana; una novela bonita debe ser poesía y no historia; esto es, debe pintar las cosas no como son, sino más bellas de lo que son, iluminándolas con luz que tenga cierto hechizo» (1875: V-VI). Incluso, dicho sentido ha sido muy bien resaltado por la crítica: «Desde estos supuestos de la poética clásica hay que entender las ideas de Valera sobre el arte y la literatura, ámbito en el que "novelista" y "novela" son términos intercambiables con "poeta" y "poesía". Todo ello explica [...] el desdén con el que don Juan vio a *realistas* y *naturalistas*, embarcados —según su apreciación—

la Idea y el camino del poeta-filósofo por alcanzarla, mientras que la sombra es la materia impura que se aleja de la Idea.

EL POETA Y LA POESÍA PARA JUAN VALERA

En el prólogo a *Canciones, romances y poemas* (1885), dedicado «Al señor D. Marcelino Menéndez Pelayo» y firmado en Washington el 7 de julio de 1885, Valera distingue dos tipos de creación poética. La primera tiene que ver con la intuición, el genio o lo innato, y la segunda con la capacidad de comunicar trabajando el texto:

> uno, el más peregrino, en el cual no me atrevo a jactarme de ser poeta, es cuando con cierta *intuición* que hay en el fondo de la mente, sin tocar en lo sobrenatural, aunque rayando ya en su esfera y pugnando por penetrarla, se columbran fugitivos *resplandores de luz y hermosura divinas,* lo cual no se ordena en sistema, ni se expone con método, ni se prueba con argumentos, pero se dice con primor, y el que lo dice se llama poeta (1885: 12; la cursiva es mía).

> El segundo modo de poesía está en la profundidad y brío con que se siente y piensa lo que piensan y sienten los demás hombres, y en la virtud de *expresarlo* así sentido y pensado, con tan nítida y poderosa forma, que *conmueve y arrebata las almas,* al menos las que son capaces, pues no todas lo son, ni con mucho, y las levanta a comprender la beldad y la armonía de los seres, de las pasiones, de las creencias, y de cuanto hay de material y de inmaterial, mejor en la representación *depurada,* en el traslado limpio del poeta, que en el borrador original de donde el poeta lo toma (1885: 12; la cursiva es mía)[3].

En algún momento se ha malinterpretado esta distinción, señalando que la segunda definición de poesía no es «creación», sino «revestir la imagen», y que Valera solo se siente poeta en dicha definición (Roca Franquesa, 1947: 64). Lo cierto es que Valera se sitúa en ambos estados creativos de la dialéctica Genio/ trabajo. Así, en una línea cercana al «cuando siento, no escribo» de Bécquer, el poeta confiesa que no escribe en un arrebato de pasión, sino que su escritura aparece cuando ese sentimiento ha pasado:

> Yo, como todo poeta, bueno o malo, pero de buena fe, rara vez he escrito versos sin sentirme entusiasmado, enamorado o movido de otro afecto grande. Y aun así no me ha sido fácil escribirlos, porque se requiere además que el tumulto y

---

en tareas de corto calado, con descuido y en detrimento de la verosimilitud fantástica en que las obras de arte deben sustentarse» (Romero Tobar en Valera, 2011: 18).

[3] Este pensamiento lo repite Valera a propósito de Leopardi y de lo que considera un gran poeta: «en la forma, construcción y organismo, por decirlo así, del estilo de los grandes poetas, como Leopardi, hay un espíritu que se pone en comunicación con el espíritu del lector, si el lector le tiene, y le dice cosas indecibles por otro medio» (1864, I: 160-161).

hervor de la pasión hayan pasado o que los domine serenidad poderosa, hasta el extremo de habilitar al poeta para que tome por objeto de su canto, por ejemplo, su más intenso dolor, y *saque de él una obra de arte* (1885: 20; la cursiva es mía).

Pero también confiesa que ha escrito por inspiración:

> Y echando la modestia a un lado, ¿por qué no declarar también que en algunos de estos versos, principalmente en *El fuego divino*, en el idilio del viejo rabadán y *A Gláfira*, la nitidez, la elegancia sencilla y la atinada limpieza de la forma son notables, lo cual de sobra se conoce que no se consigue sobando y limando, sino por dichosa inspiración? (1885: 22)[4].

Por tanto, Valera está definiendo dos tipos de creación poética desde el neoplatonismo: por un lado, la poesía inspirada o anagógica («resplandores de luz y hermosura divinas»), que se remonta a los poetas neoplatónicos griegos, y, por otro, la expresión del alma bella («en la virtud de expresarlo así sentido y pensado, con tan nítida y poderosa forma, que conmueve y arrebata las almas»), que bebe del neoplatonismo renacentista. En ambos casos, poesía inspirada o poesía «depurada» que «expresa» son fruto del elevado pensamiento del poeta, que lo conecta con la Idea. Desde la lógica neoplatónica, la poesía no trata de «revestir la imagen» (esto sería oscurecerla), sino de pulir la forma de la idea, es decir, sacar del alma una obra de arte («saqué de él una obra de arte»), la «forma íntima, espiritual» como escribe el propio Valera en la dedicatoria al Duque de Rivas en sus *Estudios críticos*:

> Yo era adorador, idólatra de la forma, pero de la forma íntima, espiritual, no de la estructura, no del atildamiento nimio, pueril y afectado; yo era fervoroso creyente en los misterios del estilo, en aquella sencillez y pureza por donde el estilo realiza las ideas y los sentimientos, y pone en la escritura, con encanto indestructible, toda la mente y todo el corazón de los autores (1864, I: IX).

Poesía inspirada o anagógica

Si nos retrotraemos al pensamiento de Plotino, la perfección, la unión del alma con el Uno, se alcanza a través de la contemplación racional, a través de una mirada interior, que aleja al alma de la materia hacia el Uno. Una mirada interior para pulir o esculpir lo bello (se insistirá en ello más adelante), buscar

---

[4]   Valera repite en más de una ocasión sus dudas y afirmaciones como poeta. En *La metafísica y la poesía*, unas veces se presenta como poeta y otras no: así, muestra su desacuerdo con Clarín por considerar que solo hay dos poetas (Campoamor y Núñez de Arce) y medio (Manuel del Palacio) y responde «los demás somos, si acaso, moléculas, átomos de poetas» (1891: 64), pero también dice «aunque no sea poeta, soy aficionadísimo a la poesía» (1891: 193).

la belleza del interior, la Belleza como vía de ascenso (anagoge). Y aquí es donde el arte tiene especial importancia para neoplatónicos como Porfirio o Proclo.

Para Porfirio el arte y la literatura son una vía de acceso a lo divino: la lectura alegórica y el papel analógico del arte. En la misma línea se sitúa Proclo (el poeta de los himnos teúrgicos), quien defiende la poesía inspirada como vía de ascenso, una poesía anagógica frente a la poesía mimética (la que no produce ascenso porque pone su mirada en las apariencias del mundo sensible) que sería una poesía inferior: «¿Cómo se podría llamar imitación la poesía que interpreta las cosas divinas por medio de símbolos? Porque los símbolos de las realidades de las cuales ellos son los símbolos no son imitaciones» (Proclo en *Comentario a la República*, cit. en Nieva, 2019: 247).

Es así como desde la escuela neoplatónica se va a hacer referencia a la poesía como una vía de conocimiento, de sabiduría (este es el significado de la «poesía sabia» que según Alcalá Galiano y Menéndez Pelayo practica Valera), que va a extenderse a lo largo de la historia. De hecho, la conciencia de la elaboración de una poesía sabia en este sentido, es decir, la que rememora la luz, el mundo ideal, se encuentra en el comienzo del *Paradiso* de Dante:

> La gloria di Colui che tutto move
> per l'universo penetra e risplende
> in una parte più e meno altrove.
> Nel ciel che più della sua luce prende
> fu' io, e vidi cose che ridire
> né sa né può chi di lassù discende;
> perché appressando sé al suo disire,
> nostro intelletto si profonda tanto,
> che dietro la memoria non può ire.
> Veramente quant'io del regno santo
> nella mia mente potei far tesoro,
> sarà ora matera del mio canto
>
> (Alighieri, 2017: 445)[5].

---

[5]   La estética neoplatónica tiene un recorrido en la poesía mística, romántico-idealista y simbolista, que conviene separar y no confundir. Sobre la poesía neoplatónica, véase Stefan Sperl y Yorgos Dedes (2022) y el proyecto web a cargo de los mismos autores, titulado *Lyrics of Ascent. Poetry and the Platonic Tradition. An Anthology* (http://lyrics-of-ascent.net/), que supone una antología de poetas neoplatónicos divididos por la lengua de escritura (griego, latín, árabe, hebreo, persa, italiano, español, turco, inglés y gallego). En español: Garcilaso de la Vega, Francisco de Aldana, fray Luis de León, san Juan de la Cruz, Quevedo, Catalina Clara Ramírez de Guzmán, sor Juana Inés de la Cruz y José Ángel Valente. En gallego: Claudio Rodríguez Fer.

El anagoge o la reversión se produce en la escritura, en una poética memo-rística, que, efectivamente, solo es posible desde el ascetismo que ya marcaba Plotino.

Valera, como se verá más adelante, rechaza el amor terrenal en favor del celestial. Es el camino ascético para lograr el amor uránico, el verdadero, que santos, poetas y metafísicos siguen. Dice Valera en *La metafísica y la poesía*:

> Hay tres clases de hombres que son superiores a los demás, si son de verdad lo que aparentan ser, si son de oro, y no de alquimia. En estos hombres, en el fondo del alma, y templado por la caridad si por acaso se manifiesta, hay un desdén inmenso por todas las cosas creadas y fabricadas, naturales y artificiales. Es lo que llaman los autores ascéticos el menosprecio del mundo. Las tres clases de hom-bres que le menosprecian son los santos, los metafísicos y los poetas; pero no es floja la diferencia en el modo de menospreciarle (1891: 125).

Valera iguala a los santos y a los poetas rectos, pues perciben la Belleza, la Verdad: «Los Santos y los cantores, / de la tierra ejemplo y pasmo, bebieron el entusiasmo / en sus puros esplendores» (30)[6]. Santos y poetas son los que para Valera recuerdan las ideas, beben del esplendor: «¡Oh amor sublime, celestial anhelo / de los santos, artistas y cantores» (37). El poeta, por ende, comparte con el santo el camino de la reflexión o de la filosofía, el camino del sabio. Esto es poesía inspirada, pero no en un sentido romántico-irracional, sino neoplató-nico (heredado del clasicismo burgués).

Expresión del alma bella

La atracción de las almas, en tanto que bellas y correspondidas, en tanto que simpatía universal, y su unión en Dios (el amor que se mueve hacia la Belleza y el Bien) es el pensamiento que se encuentra en *De amore* de Marsilio Ficino. Para el filósofo florentino, «la Belleza es un resplandor que atrae a sí al espíritu humano» (Ficino, 1986: 47).

Ficino distingue entre el amor que busca la belleza de Dios y el amor orien-tado «a crear la misma belleza en los cuerpos» (1986: 39). Este último, el amor que crea la belleza en el cuerpo o extrae el alma bella, es decir, que esculpe la belleza interior, en el arte supone la extracción de la Idea en la materia, tal y como señala Juan Carlos Rodríguez, partiendo del soneto de Michelangelo Buonarroti que comienza «Non ha l'ottimo artista alcun concetto / che un marmor solo in sé non circonscriva»:

---

[6]   Todos los poemas de Valera están extraídos de *Canciones, romances y poemas* (1885). Desde ahora el número entre paréntesis que sigue a los versos se corresponde con la página de esta anto-logía que el lector tiene entre sus manos y que contiene los poemas aquí analizados.

Si el mármol posee ya la forma interna que hay que desbrozar, puliéndola en lo superfluo, hay que tener en cuenta, sin embargo, que se definirá como artista genial (ottimo) no solo a aquel en cuyo propio interior (en cuya «alma» por eso definida como «bella») se albergue igualmente la misma forma pura que en el mármol habita, sino aquel que a la vez sea capaz de captarla y de desbrozarla («tallarse» como se talla el mármol, en consecuencia, el propio interior). A propósito de esta talla interior nacerá la noción de «concetto» como núcleo esencial opuesto a lo superfluo o contingente del alma, «concetto» que se extrae o se desprende de la mente como la «forma» del mármol (2017: 78-79).

Así es como, para el neoplatonismo poético renacentista, «poeta *pasará a significar la calidad expresiva de un alma bella,* y poesía *la aparición desnuda y máxima de tal alma*» (Rodríguez, 2017: 80). La poesía como desnudez y belleza del alma va a tener un recorrido histórico bien conocido que llega al siglo XIX, así la rima XXI de Gustavo Adolfo Bécquer: «—¿Qué es poesía?, dices, mientras clavas / en mi pupila tu pupila azul. / ¿Qué es poesía? ¿Y tú me lo preguntas? / Poesía… eres tú» (en Palenque, 1991: 183).

Para Valera la poesía es la aparición del alma bella y esto se refleja en «A Lucía», donde la poesía revela el ser amado, el alma, el Ideal, la Belleza: «El ser que me enamora / de la imaginación dulce quimera, / que la Poesía manifiesta y dora» (70). Incluso, la misma amada, en tanto que expresión de la Belleza, es la poesía; así en «A Blanca Rosa»: «Por qué mis versos quieres, / si tú poesía eres» (74); y así también en «Saudades de Elisena»: «una palabra, un suspiro, / una suave caricia / el poema de tu alma / realizado transmitían» (75).

La escritura poética, así como la escultura, para el neoplatonismo, es un trabajo extractor, purificador, que da con la Idea. Por tanto, la poesía-escultura, que se encuentra con frecuencia en el Renacimiento (encarnada en la obra del propio Michelangelo), en la tradición clasicista y en la poesía parnasiana[7], desde una lógica neoplatónica solo puede significar dejar la marca en el alma bella (la marca del poeta en la amada o viceversa): la atracción, el enamoramiento. Así Valera, en el poema «En un álbum», dice que el poeta escribe en el alma bella: «Y en libros no, pero en las almas bellas / canciones sabrosísimas escribe. / Prepárate a gozarlas: la tersura / del limpio corazón muéstrale luego; / él pondrá allí su gracia y su hermosura / con estilo de fuego» (83).

---

[7] Los poetas parnasianos acuden a la poesía como escultura de manera muy diferente a como se hace desde el neoplatonismo. Para ellos el poema debe ser como el frío mármol de las esculturas griegas, un arte puro sin contaminar por la emoción y el subjetivismo del autor, un arte eterno que sobreviva a la caducidad del ser humano, una belleza (y esto desembocará en el decadentismo) que se esculpa impasible y fría.

Se trata de marcar (escribir) en el alma, tal y como ocurre en el soneto V de Garcilaso de la Vega: «Escrito 'stá en mi alma vuestro gesto» (2010: 46). El alma bella escribe en el alma que la corresponde amorosamente. Esta idea recorre la poesía de Valera: en «El Amor y el poeta»: «Cuando era mi corazón / joven, en él escribías / inefables poesías / de altísima perfección» (84); en «Sueños»: «¡Cuántos extremos de cariño entonces / hice al verla de nuevo, tan divina / como su imagen, que en el alma guardo!» (86); en «A Malvina», poema dedicado a una de las hijas del Duque de Rivas, donde se revela que en el alma de Malvina está escrita la poesía de su padre: «Sí; que emanación rica / eres del genio, y mora / en ti en esencia el genio. Vivifica / los versos sólo, y pasa de la mente / de tu padre a los versos virtualmente, / mientras que en ti, Malvina, está en esencia, / por lo cual a los versos te prefiero» (90); o en «A Genoveva»: «Si tu beldad quisiera / en mí suavemente / posar la refulgente / luz de tus ojos bellos, / infundiera con ellos / la poesía en mi mente / [...] / Bien tu mirar podría / volverme la poesía / a su antigua morada, / desierta y olvidada / dentro del alma mía» (92).

La poesía es, por tanto, para Valera la expresión/aparición, o la materialización, de la Belleza. De ahí que, según él, la poesía no tenga una finalidad educativa (no sea útil): «yo porque soy poeta escribo, y que debo escribir por lo mismo que no sé ni enseño nada» (1885: 15); «Lo que no es broma es mi repugnancia a creer, a pesar de mi amor a los versos, en la virtud docente de los versos» (1891: 194)[8]. Aunque sí confiesa que la poesía enseña sin que el poeta quiera enseñar, pues la expresión de la Belleza es la expresión del alma pura, de la Bondad y de la Verdad:

> cualquiera colección de versos de buena fe, no siendo enteramente nulo el autor, enseña sin que el autor aspire a enseñar. Y enseña lo bueno, y tiene virtud moral y en cierto modo purificante, y posee fuerzas que elevan las almas a esferas superiores, porque el autor muestra lo que en su espíritu hay de más limpio y hermoso,

---

[8] Esta idea la repite hasta la saciedad en *La metafísica y la poesía*, señalando que tanto la poesía como la metafísica son inútiles, no sirven a las cosas mundanas, porque están en un grado más elevado de pensamiento: «La poesía es inútil, porque tiene en ella su fin, porque nada se propone fuera de ella, porque es desinteresada. El orador parlamentario arenga para que triunfe su partido; el abogado escribe pedimentos para ganar pleitos a sus clientes; en fin, todo tiene un fin fuera de sí, mientras que la poesía le tiene en ella sola» (1891: 123); «Es inútil, porque está por fuera y por cima de toda utilidad; porque se levanta, independiente de provechos, lucros y ventajas, a una esfera donde rara vez llega el vulgo de los hombres» (1891: 190-191). Para Valera, la poesía es desinteresada y pura, como la belleza. Y se pierde cuando se utiliza, cuando responde a un fin material: «Con la hermosura sucede lo mismo que con la poesía: se deslustra en el instante en que tratamos de utilizarla» (1891: 189).

apartando las escorias y mezquindades que tal vez lo encubren en la vida real, y nos da uno a manera de retrato de lo profundo y radical de su ser, donde asiste Dios, donde Dios pone su sello y su imagen, y donde amor resplandece en su pureza y despliega su beatífica actividad, no pervertida ni coartada por ruines intereses y apetitos (1885: 18-19).

Esto es, como ya se adelantó, la visión interior: buscar la belleza que está dentro, pulir y esculpir la belleza del alma, desechando lo feo y corrupto. «Saqué del alma un tesoro» (84) dice Valera en «El Amor y el poeta», así como en «A Gláfira»: «Al través de la máscara vi un cielo» y «Por el deseo el alma iluminada / descubrió tu recóndita hermosura» (94). Para el autor cordobés, la poesía consiste en esculpir (apartar «las escorias y mezquindades»), en dar forma a la Idea (aunque, en ocasiones, se fracase: «di vida, amor y cuerpo a la Poesía; / pero no hallé la luz del alma mía», 70) y, por tanto, vuelve a dejar claro, desde su lógica neoplatónica, que la forma poética no es la vacía «pompa de metro», sino la «manifestación de la luz interior del alma»:

> Y a fin de que esto se dé en algún grado, no es menester que los versos sean sobre objeto sublime. La composición más ligera, si está bien, es manifestación de la luz interior del alma, que ilumina el mundo del arte, como el sol el mundo real. De suerte que, el caso vulgar que el poeta refiere, la mujer que celebra o la escena que describe, todo está iluminado por esa luz, la cual le presta su hechizo y pone allí su fuerza y su gracia. Este es el estilo; esta es la forma. No consiste en consonantes difíciles, ni en rebuscadas figuras retóricas, ni en transposiciones, ni en sonoridad y pompa de metro. Consiste en algo más alto y más sutil que esas calidades, si bien por lo mismo que es más alto no todos los lectores lo alcanzan, y por lo mismo que es más sutil se sustrae a la percepción de las personas rudas y artísticamente mal educadas (1885: 19)[9].

Precisamente, contradiciendo la teoría poético-luminosa del propio Valera, José María de Cossío señala «la fama oscura de los versos de Valera» (1960, I: 689), porque considera que el tono erudito lo aleja de la amenidad poética. Una oscuridad erudita que, antes de Cossío, ve Manuel de la Revilla, quien afirma que los versos del poeta cordobés están «vaciados en la turquesa académica» y en ellos «nada tampoco habla al corazón ni a la fantasía» (1883: 50). De la misma opinión son Francisco Blanco García, para quien Valera es un «erudito

---

[9] A lo que el poeta se refiere, dice Valera, «todo está iluminado por esa luz». Se trata de una poética de la luz (o de «manifestación de la luz») que, como se ha señalado, remite a una tradición neoplatónica (la luz como emanación de lo Absoluto), y también cristiana («Ego sum lux mundi», en el Evangelio según san Juan, 8: 12) que recorre el arte medieval. A este respecto, véase Pradier Sebastián (2015).

que dice lo mucho que sabe, pero que no dice lo que siente» (1903: 147), y Roca Franquesa, quien cree un defecto querer demostrar lo que se sabe (1947: 59).

Esta infravaloración a Valera viene de la oposición Romanticismo/Clasicismo, de la lectura romántica y anticlasicista (o antigrecolatina) que asocia lo poético al sentimiento y no a lo racional. Así se refiere Andrés González Blanco a la narrativa de Valera: «un hombre de cultura y no un hombre de visión poética» (1905: 675); un González Blanco que, sin embargo, considera mejor la poesía que la novela de Valera, valorando positivamente su clasicismo en la forma poética:

> Así, yo, que soy el más decidido romántico, y que si algo le inculpo a Valera es el haber permanecido muy clásico, convengo en que su obra poética realiza el ideal de la poesía moderna, tal como se da en el mito de Euforion intercalado en la segunda parte del *Fausto*. En efecto: sólo uniendo a la aspiración romántica la pulcritud clásica, puede la poesía moderna crear formas nuevas (1905: 688).

Todos estos críticos, a excepción de González Blanco cuando se trata del verso, comparten una teoría sobre la realización poética que se opone a la de Valera y que se refleja muy bien en las siguientes palabras de Cossío, siguiendo a Revilla:

> Esta ausencia de galas imaginativas produce sequedad, aridez en sus versos, que pensados, más que oídos, llegan a sorprender por lo bello e importante del pensamiento, pero rara vez a producir sensación de belleza, misteriosa e incomprensible, en que consiste el más arcano secreto de la poesía (1960, I: 689).

Dos teorías, por tanto, sobre la realización poética: para Valera el pensamiento, la sabiduría, conduce al misterio poético y, sin embargo, estos críticos consideran que la falta de cotidianeidad, popularidad o intimismo es lo que aleja a Valera del misterio de la poesía. Por supuesto que si se parte de una concepción antipoética de lo erudito no se puede entender la propuesta poética de Valera que asocia sabiduría y poesía, desde los postulados neoplatónicos, y desde donde se reivindicó como poeta:

> Siempre hubo, pues, y hay y habrá poesía. La mejor será la que se refleje con verdad y exactitud lo que se ve con los ojos del cuerpo y con los ojos del alma, y la que halle en el alma de quien la cree, bastante calor amoroso para encender, iluminar y llenar de vida inmortal ese reflejo (1891: 206).

PETRARQUISMO Y NEOPLATONISMO CRISTIANO

En la poesía de Valera se dan los dos tipos de amor honesto que señala Ficino: amor celestial (que contempla la belleza de Dios) y amor terrenal (que crea la belleza en los cuerpos), y también se da lo que Ficino no llama amor, sino «deseo libidinoso y rabia» (1986: 16), pues no se da con los sentidos que perciben la belleza (la mente, la vista y el oído), sino con el olfato, el gusto y el tacto. Sin embargo, Valera sí va a llamar amor a esto último, aunque en negativo, distinguiendo dos amores terrenales: un amor que refleja la belleza y otro que, desde una lógica ascética, solo es corrupción. Por tanto, los dos amores positivos para Valera son: de un lado, el amor que crea la belleza en el cuerpo, es decir, que embellece la materia, y, de otro, el amor que busca la belleza de Dios y otorga un carácter corrupto a la materia, de la que hay que huir. Esta división responde a las dos líneas neoplatónicas que van a configurar la poesía de Valera: la corriente petrarquista, donde el alma bella se expresa a través del cuerpo, y el neoplatonismo cristiano, donde la belleza no se expresa a través del cuerpo, pues se encuentra fuera de este.

La primera línea, el petrarquismo, se percibe, como se ha adelantado, en unos poemas donde el alma pura hace bello al cuerpo: así «Ese espíritu leve, / que por tus venas rápido se agita, / y colora de púrpura la nieve, / entró en mi pecho, que de amor palpita» (94) o la «virgínea frente», «mano delicada», «mirada, pura» de «En el álbum de María» (96). Es la belleza del alma que se refleja en el cuerpo, tal y como ocurre en Petrarca: en las trenzas, la boca, la frente y los ojos del soneto CCXX del *Canzoniere*:

> Onde tolse Amor l'oro, et di qual vena,
> per far due treccie blonde? e 'n quali spine
> colse le rose, e 'n qual piaggia le brine
> tenere et fresche, et die' lor polso et lena?
> onde le perle, in ch'ei frange et affrena
> dolci parole, honeste et pellegrine?
> onde tante bellezze, et sí divine,
> di quella fronte, piú che 'l ciel serena?
> Da quali angeli mosse, et di qual spera,
> quel celeste cantar che mi disface,
> sí che m'avanza omai da disfar poco?
> Di qual sol nacque l'alma luce altera
> di que' belli occhi ond'io ò guerra et pace,
> che mi cuocono il cor in ghiaccio e 'n foco?
>
> (1992: 282)

En el último terceto, se ve cómo por los ojos se expresa ese amor ideal, del alma. Para Ficino, a través de los ojos, en tanto que puertas del alma, «llegan muchas cosas al espíritu, y los afectos y las costumbres del espíritu se manifiestan muy claramente por los ojos» (1986: 149). Esto está presente en Petrarca: «ché i be' vostr'occhi, donna, mi legaro» (soneto III, 1992: 5), «Ma voi, occhi beati, ond'io soffersi /quel colpo, ove non valse emo né scudo / [...] / Poi che vostro vedere in me risplende, / come raggio di sol traluce in vetro» (soneto

XCV, 1992: 128). Y en Garcilaso de la Vega: «De aquella vista pura y excelente / salen espirtus vivos y encendidos, / y siendo por mis ojos recibidos, / me pasan hasta donde el mal se siente» (soneto VIII, 2010: 50). Es la atracción de las almas enamoradas por los ojos que, por supuesto, está en la poesía de Valera: en «Despedida» («Del corazón en cambio, sólo ansío / una tierna mirada / que vivifique el alma enamorada», 97), o en el soneto «A Lucía», sobre el cual Menéndez Pelayo afirmó que «no disonaría entre los mejores del *Cancionero* de Petrarca» (en Valera, 1885: 514):

> Del tierno pecho aquel amor nacido,
> que en él viviendo mis delicias era,
> creció, quiso del pecho salir fuera,
> pudo volar y abandonó su nido:
> y no logrando yo darle al olvido,
> le busqué inútilmente por do quiera,
> y ya pensaba que en la cuarta esfera
> se hubiese al centro de la luz unido,
> cuando tus ojos vi, señora mía,
> y en ellos a mi amor con mi esperanza,
> y llamándole a mí, tendí los brazos;
> mas él me desconoce, guerra impía
> mueve en mi daño, y flechas que me lanza
> hacen mi pobre corazón pedazos (68)[10].

En la otra composición poética, dividida en dos partes, que también se titula «A Lucía» continúa la atracción por los ojos que iluminan el alma: «Al fin la llama rutilante y bella, / de tus divinos ojos desprendida, / hirió del alma la tiniebla oscura / [...] / Tus ojos son mi luz: mi alma recibe / la inspiración en ellos, / y aprisionada vive / en la crencha gentil de tus cabellos (70-71). Esos ojos muestran al poeta «el camino / del cielo que soñé» (70), son los ojos de «la maga de sus sueños ilusoria / de sus amores la deidad altiva» (70), es decir, de una amada soñada, imaginada o fantástica, en el sentido positivo que Ficino le da a la imaginación y la fantasía: el camino del enamoramiento, de la atracción de las almas, esto es, por la imaginación se percibe la imagen ideal del ser amado (Ficino: 1986: «Estudio preliminar»). Una imagen que el poeta, como hace el escultor con la forma, tiene que buscar: «Y busqué en el concento majes-

---

10 Pero el alma bella no solo se expresa a través de los ojos, sino de todo el cuerpo haciéndolo bello: «No solo en tu mirada / y en el lampo fugaz de tu sonrisa / ese espíritu oculto se divisa, / sino en la limpia sangre delicada, / por las venas azules de tu frente, / de tus frescas mejillas, y garganta / de cándida paloma, / al través del tejido transparente / y terso, libre gira; / en tu palabra canta, / en tu casto rubor colores toma, / y en tus suspiros con amor suspira» («A Malvina», 89).

tuoso, / que nace de la cósmica armonía, / aquel cielo de amor, puro y hermoso, / objeto del amor que yo sentía» (69); y buscarla imaginando, creando la belleza en el cuerpo:

> Tus sienes circundó la inteligencia
> de resplandor; pusieron los amores
> en tus labios esencia
> y fresca miel de delicadas flores;
> la rara descripción puso en tu boca
> alto discurso, y el amor su acento:
> este sueños dulcísimos evoca,
> aquel eleva al cielo el pensamiento (70)[11].

Esta elevación, o iluminación, invierte la dialéctica realidad/sueño: la realidad es una sombra y el sueño es la realidad: «Te contempla mi espíritu arrobado, / y para siembre olvida / las vanas sombras que adoró engañado, / la ilusión grata que lloró perdida. / En ti adoro, bien mío, / la realidad del sueño» (70-71). La ilusión se realiza:

> De tus ojos al ver la luz hermosa,
> entre su llama eterna mariposa
> el alma tuya ardía,
> y recordarla pudo el alma mía.
> En un mundo mejor ambas se amaron,
> y también recordaron
> de sus santos amores la ventura,
> y conocí que eras
> realizada ilusión de mi ternura (72)[12].

---

[11]   Menéndez Pelayo describe, de esta forma, la elevación del alma: «escala por la cual el espíritu va elevándose a la contemplación de la increada belleza, procediendo por grados, de los hermosos cuerpos a las hermosas almas, de estas a las ideas puras, hasta llegar a la idea simplísima de belleza, que es eterna, inmutable, absoluta, no sujeta a decrecimiento ni mudanza» (en Valera, 1885: 515).

[12]   De nuevo, el esclarecedor comentario de Menéndez Pelayo: «Sin duda nuestro autor tendría puestos los ojos y la afición en aquel hermoso pasaje del *Fedro*, en que el más grande de los discípulos de Sócrates nos enseña que sólo el conocimiento de la filosofía restituye al hombre sus alas y le hace recordar las ideas *que en otro tiempo vio*, y despreciar las cosas que decimos *que son*, y volver los ojos a las que *realmente son*. Toda alma de hombre (añade Platón) ha contemplado en otro tiempo la verdad; pero el recordarla no es para todos, o porque la vieron breve tiempo, o porque al descender a la tierra tuvieron la desdicha de perder la memoria de las cosas sagradas. [...] quien está iniciado y ha contemplado en otro tiempo las ideas [...] Experimenta un ardor insólito, y, bebiendo por los ojos el influjo de la belleza, comienzan a brotarle las alas» (en Valera, 1885: 516-517).

En «Último adiós» sucede lo mismo: el corazón recibe la «imagen hechicera» y pide una mirada para que se le quede grabada «la luz de tus divinos ojos» (99). Las palabras «maga» o «hechicera», incluso «fantástica señora» (40; 100), solo pueden comprenderse dentro del lenguaje neoplatónico, pues para Ficino y Pico della Mirandola la magia es el camino mistérico, lo que descubre lo oculto en la naturaleza, y el mago es el sabio que conoce los misterios, es decir, la magia funciona como puente entre lo material y lo ideal[13]. De la misma manera, en Valera, la magia es la magia natural, la buena magia frente a la demoníaca (algo que también está en la tradición neoplatónica): «Gentil cifra de amor que el alma crea / y que indeleble guarda en la memoria. / Talismán rico do escribió una maga / benéfico conjuro» (99).

Otra vez la escritura, la creación de amor y belleza que solo es posible por la imaginación. Así, en «Las aventuras de Cide Yahye», que se subtitula «Historia filosófica y verdadera», la fantasía es la propia inteligencia que crea o percibe a la hechicera: «[...] y una hechicera / forma ideal fingió la fantasía. // La encadenada inteligencia humana / muy rara vez tras lo ideal se lanza, / pero la voluntad recorre ufana / la eterna inmensidad de la esperanza» (37). En concreto, desde esta lógica neoplatónica, la fantasía es la inteligencia poética, la sabiduría del poeta: «Nunca mujer más bella fingió la fantasía / en los mágicos sueños de un genio creador, / levantada en las alas de la ardiente poesía, / adormida en el seno del encantado amor» (43).

Esta manera de nombrar a la amada ideal se repite en «La maga de mis sueños» (100), poema que Menéndez Pelayo (en Valera, 1885: 510-511) comparó con «Alla sua donna» de Giacomo Leopardi, donde se presenta la mujer que no puede encontrarse en la tierra[14]. Es verdad que en ambos poetas se encuentra

---

[13]   A propósito de la magia en Ficino, véase Garay (2016).

[14]   El comentario de Leopardi a su poema no tiene desperdicio: «La donna, cioè l'innamorata, dell'autore, è una di quelle immagini, uno di quei fantasmi di bellezza e virtù celeste e ineffabile, che ci occorrono spesso alla fantasia, nel sonno e nella veglia, quando siamo poco più che fanciulli, e poi qualche rara volta nel sonno, o in una qualche alienazione di mente, quando siamo giovani. Infine, è *la donna che non si trova*. L'autore non sa se la sua donna (e così chiamandola, mostra di non amare altra che questa) sia mai nata finora, o debba mai nascere; sa che ora non vive in terra, e che noi non siamo suoi contemporanei; la cerca tra le idee di Platone, la cerca nella luna, nei pianeti del sistema solare, in quei de' sistemi delle stelle. Se questa Canzone si vorrà chiamare amorosa, sarà pur certo che questo tale amore non può dare né partir gelosia, perché, fuor dell'autore, nessun amante terreno vorrà fare all'amore col telescopio» (1993: 329). Nótese que aparecen elementos que son clave en la poética neoplatónica de Valera: «fantasmi», «fantasia» o «sonno». A propósito del neoplatonismo en «Alla sua donna», véase Coriasso Marín-Posadillo (2007).

la mujer ideal que no puede ser materializada. En Leopardi: «Io mi pensai. Ma non è cosa in terra / che ti somigli; e s'anco pari alcuna / ti fosse al volto, agli atti, alla favella, / saria, cosí conforme, assai men bella» (1993: 146). Y en Valera (en «A Delia»): «Nada terreno a mis amantes ojos / forma te diera. / Porque eres, Delia, el pensamiento hermoso / que un alma santa concibió en su sueño, / y que a los cielos en sus alas puras / sube risueño» (103). Sin embargo, Valera y Leopardi muestran dos caminos contrarios en el conjunto de su obra poética, dos teleologías. Así, en el poeta español, como ya se ha visto, está presente la reminiscencia platónica como vía hacia la unión amorosa, mientras que en el italiano la ilusión amorosa pasa o da paso a la nada, como sucede en «A Silvia», donde con la muerte de la amada muere en el poeta la esperanza y la ilusión: «All'apparir del vero / tu, misera, cadesti: e con la mano / la fredda morte ed una tomba ignuda / mostravi di lontano» (1993: 174); y el dolor viene por la distancia entre el mundo esperado y el presente: «Questo è quel mondo? questi / i diletti, l'amor, l'opre, gli evento / onde cotanto ragionammo insieme? / questa la sorte dell'umane genti?» (1993: 173)[15].

Valera opone a la teleología pesimista de Leopardi una teleología optimista, en los márgenes del pensamiento neoplatónico cristiano. Así, en *La metafísica y la poesía*, diciendo «disto de ser pesimista como Leopardi» (1891: 191), toma distancia con el poeta italiano recurriendo al camino de elevación espiritual del místico y neoplatónico italiano Buenaventura de Bagnoregio, describiendo sus tres etapas: primera, «el empleo y ejercicio de la voluntad para limpiar el alma y crear en ella la pureza»; segunda, «la luz, que el alma, ya purificada, columbra allá en su íntimo centro, y que se le aparece como sumo bien, atrayéndola a sí, y encendiendo en ella el amor»; y tercera, «la unión de Dios y el alma» (1891: 246). Añade que defiende el misticismo católico frente al «pesimismo suicida» (del budismo y Schopenhauer), el «amor al bien» frente al «horror al mal», la unión amorosa con Dios frente a la esperanza en la nada para librarse del mal, el «colmo y plenitud de vida» frente a «la muerte» (1891: 247), y, en concreto, critica el nihilismo leopardiano:

> Tan falso y declamatorio me parece el quejumbroso y doliente poeta de Recanati cuando asegura que *todo es arcano menos nuestro dolor,* como cuando deplora que todo se sepa; que no haya sitio inexplorado donde poner bellas ficciones;

---

[15]   Lo mismo ocurre en otros poemas como «Aspasia» o «Le ricordanze». En este último, el amor y la beldad pasan, haciendo que la idea sea un recuerdo amargo: «Ogni giorno sereno, ogni fiorita / piaggia ch'io miro, ogni goder ch'io sento, / dico: Nerina or piú non gode; i campi, / l'aria non mira. Ahi tu passasti, eterno / sospiro mio: passasti: e fia compagna / d'ogni mio vago immaginar, di tutti / i miei tenersi sensi, i triste e cari / moti del cor, la rimembranza acerba» (1993: 185).

que naturaleza no pueda ya hablar sin quitarse el velo como hablaba a los antiguos poetas; que la ciencia haya achicado el mundo en vez de agrandarle; que la observación y los descubrimientos no hayan dejado ni un escondrijo pequeño donde poner el Paraíso; y que el indigno misterio de las cosas; esté descubierto (1891: 271).

Valera, en *Estudios críticos* (1864, II), define a Leopardi como «místico ateo» (1864: 180), porque la ilusión perdida lleva a la nada a un ser finito que desea lo infinito (el placer que no puede satisfacerse y lleva a la infelicidad), «el deseo de lo infinito y la infinita desesperación de no conseguirlo», 1864: 161)[16]. Así es como Valera recurre a Leopardi para defender su misticismo teísta, su poesía anagógica, solo realizable desde el camino ascético que diferencia lo puro de lo corrupto, y que se manifiesta claramente en los siguientes poemas.

En «Del amor», tal y como señala Menéndez Pelayo, se diferencia, siguiendo *El banquete* de Platón, entre dos amores: «establece la distinción de la Venus Urania o celeste y de la popular o *demótica*, a cuya distinción responde la de dos distintos géneros de amores» (en Valera, 1885: 519). Esta dicotomía Venus ideal/Venus terrenal o Amor espiritual/Amor material se encuentra en el arte renacentista. Solo hay que recordar, por ejemplo, las pinturas de Sandro Botticelli: *El nacimiento de Venus*, como Venus ideal, y *La primavera*, como Venus terrenal. Sin embargo, en este poema, a diferencia de lo que ocurre en Petrarca, Botticelli o Garcilaso y en otros poemas de Valera, el amor demótico no refleja ni la Belleza ni el amor uránico, sino que solo es materia corrupta, siguiendo el neoplatonismo cristiano de san Agustín y fray Luis de León, influenciado por Plotino, donde la materia es lo más alejado del Uno, del Bien, de ahí la corruptibilidad de la materia: el mal es la ausencia de Bien. De modo que, por un lado, está «El Amor, hijo del cielo, / [...] / germen de luz y fecundo / [...] / y sobre los astros mora» (29), y, por otro, el «amor terreno»:

---

[16]   Valera se extiende en la desesperanza leopardiana: «El Amor divino, ese hijo de la Venus Urania, viene personificado en los cantos de Leopardi, y es el objeto de su adoración y de su culto; su pensamiento dominante, y la única ilusión que le queda, después de perdidas las demás [...] Pero este mismo fantasma de hermosura, esta dama-duende, esta idea fugitiva que Leopardi amaba, se le iba muy a menudo de la imaginación, y le dejaba solo: o ya porque la imaginación no tenía bastante fuerza para sostenerse con la idea querida en los espacios imaginarios, o ya porque la razón, que nunca abandonaba al poeta, disipaba la ilusión como un ensueño. Entonces del mismo sentimiento de que había nacido el amor nacían la desesperación y el deseo de la muerte» (1864: 175-179). Señala Meregalli que para Valera «Leopardi es substancialmente [...] un romántico sediento de infinito, que no cabe conformarse con la realidad contingente y, por no creer en Dios, no tiene más remedio que entregarse a la desesperación» (1948: 14).

Que de amor usurpa el nombre,
y ofrece, traidor, al hombre,
en vez de néctar, veneno;
amor de malicia lleno,
en cuyo engañoso altar
va el corazón a inmolar
por un sueño su ventura;
rico sueño mientras dura,
horroroso al despertar (29).

Este no es el sueño positivo, ya comentado, que lleva al Ideal, sino el sueño negativo, que es el del engaño. Dos sueños que operan en la poesía neoplatónica de Valera y en Marsilio Ficino (en *De amore* y *Theologia platonica*; 1986: «Estudio preliminar»), una imaginación o fantasía que se detiene en lo superior (el alma) y otra en lo inferior (el cuerpo). De ahí que Valera nos proponga huir del amor carnal hacia el amor celestial:

Para vencer de este amor
enemigo la influencia,
no se conoce otra ciencia
que ir en busca del mejor;
y como en tan superior
esfera culto recibe,
sólo el alma que concibe
la perfección de su ser,
alas le pueden nacer
para volar donde vive (29-30)[17].

En «El Amor y el poeta» (84-85) se refleja el amor a través de la escritura en el alma, como ya se ha señalado, pero también lo contrario: la no comunicación entre las almas, la falta de luz, es la incapacidad de esculpir la belleza interior («no hay en mi mente hermosura»), es decir, la desaparición de la escritura, el desengaño. Por tanto, una doble negación de la escritura: el poeta no escribe, pues no está enamorado, y en su alma no está escrito el gesto del amor: «Hoy es

---

[17]   En la tradición del neoplatonismo cristiano, recuérdese «Las sirenas» de fray Luis de León: «Pasó tu primavera; / ya la madura edad te pide el fruto / de gloria verdadera. / ¡Ay, pon del cieno bruto / los pasos en lugar firme y enjuto! / Antes que la engañosa / Circe, del corazón apoderada, / con copa ponzoñosa / el alma transformada, / te junte, nueva fiera, a su manada. / No es dado al que allí se asienta, / si ya el cielo dichoso no le mira, / huir la torpe afrenta; / o arde oso en ira / o hecho jabalí gime y suspira. / [...] / Si a ti se presentare, / los ojos, sabio, cierra; firme atapa / la oreja, si llamare; / si prendiere la capa, / huye; que sólo aquel que huye escapa» (2008: ed. digital).

todo confusión, / que no sabes descifrar. / El desengaño borrar / logró cuanto tú escribiste. / Huye; que en mi pecho triste / ya para ti no hay altar».

El poeta desengañado no tiene «ninguna divina idea». La búsqueda de la belleza interior despierta el amor puro («saqué del alma un tesoro / y en tus aras le ofrecí»), pero la mirada que cae en el amor terrenal borra el camino de perfección, y ese amor trasmite una falsa luz, una luz oscura, y una sonrisa de hielo, que anticipa las sonrisas de las mujeres impasibles y fatales del Modernismo: «no hay númenes en mi cielo, / no hay en mi mente hermosura; / tu luz, Amor, es oscura, / y tu sonrisa de hielo».

El Amor se dirige también al poeta y se pregunta si podrá subir al mundo celeste: «¿Dónde iré? ¿Puedo subir a las moradas divinas?». Y confiesa algo terrible, que explica por qué no puede ascender: el amor terreno no le permite al poeta oír la armonía celeste y así no hay posibilidad de poesía en el mundo, no hay belleza, sino dolor, no hay canto, sino suspiro: «Las esferas cristalinas, / que antes solías oír / arrebatadas seguir / con armonía su giro, / inertes, rotas las miro, / y si algo turba el profundo / mortal silencio del mundo, / no es un canto, es un suspiro». El Amor muestra la caída del poeta, la mirada hacia lo corrompido, y culpa al poeta, por hacer del amor algo impuro: «¿En dónde está la mansión / de perfecta bienandanza, / que a la luz de la esperanza / te pinté en el corazón? / Tú agostaste la ilusión / y tú el encanto rompiste, / y pues ya el cielo no existe / en ti, será empeño vano / buscar el bien soberano, / de que renegar quisiste»[18].

En «Sueños», la inteligencia (la misma que hace posible la unión pura con la amada y ya se ha comentado) produce el ascenso al amor de Dios:

> Mucho corre la luz, y el pensamiento,
> aunque se junte a la palabra, vuela,
> y sendas de metal sigue sumiso,
> tan rápido cual cruza por el alma.
> Va, con todo, más rápido el deseo:
> se pierde en lo infinito, y solo busca
> en insondable eternidad reposo (86).

---

[18] La lectura de Menéndez Pelayo da en el blanco: «En este diálogo hay ideas de Plotino: "Quien no abrace más que las formas corporales, vivirá siempre entre tinieblas y fantasmas. Busquemos nuestra dulce patria, la fuente de donde procedemos. No habemos menester ni caballos ni naves para este viaje, sino cerrar los ojos corporales y abrir aquéllos otros que todos los hombres poseen, aunque muy pocos los usen"» (en Valera, 1885: 519).

Son versos anagógicos, como el epigrama teúrgico de Proclo que sigue: «Mi alma, respirando ardor de fuego, se ha marchado, / y desplegando el intelecto hasta el éter en espiral de fuego, / se alza, y por su inmortalidad retumban los cielos estrellados» (2003: 100). Es el camino de ascenso a través del pensamiento o el intelecto, que Valera, en otros poemas, denomina «sublime pensamiento» (99), «Mente sagrada» (104), «sagrada inteligencia» y «manantial de ciencia» (44). La inteligencia, volviendo a «Sueños», que percibe la belleza, la luz oculta: «Atrevida la humana inteligencia / triunfa del mundo, y los hermosos genios, / que en el fuego y la luz viven ocultos, / obrando allí maravillosas obras» (86).

El fuego, en tanto que representación de la unión amorosa con Dios, es clave en la poesía neoplatónica y atraviesa los himnos teúrgicos de Proclo (2003): en «A Helio»: «Escucha, rey del fuego intelectivo, Titán de áureas riendas / […] / Mas, ¡oh excelente entre los dioses!, coronado de fuego, feliz demon» (2003: 25-27); en «A Afrodita» se anhela ver «las moradas maternas que brillan como el fuego» (2003: 33); en «Himno común a los dioses»: «Escuchad, dioses, poseedores del timón de la sabiduría sagrada, / que, habiendo encendido el fuego que eleva las almas de los mortales» (2003: 47); en «Himno a Ares»: «portacetro del valor, que haces girar tu esfera de ígneo resplandor» (2003: 73); y, por supuesto, en «Himno al dios caldeo o canción del fuego»:

> Consagremos este himno al Dios;
> dejemos la realidad que fluye,
> vayamos al verdadero fin, la completa asimilación a Él.
> Conozcamos al Señor,
> amemos al Padre;
> obedezcámosle cuando nos llama.
> Corramos hacia el calor,
> huyendo del frío.
> Convirtámonos en fuego,
> caminemos por el fuego.
> Tenemos un camino fácil para la ascensión;
> el Padre nos guía desplegando caminos de fuego.
> Y nunca fluyamos como corriente profunda del olvido (2003: 89).

Valera reproduce estas ideas (presentes en el arder de los místicos españoles) en el «Fuego divino», poema que Menéndez Pelayo relaciona con *Ideas sobre la filosofía de la historia humana* de Herder. En concreto, señala la influencia de la superioridad de unas formas de existencia sobre otras, pues poseen el entendimiento (en Valera, 1885: 523). Esto no es otra cosa que la *scala naturae*: «Y la forma elevada / misteriosa del hombre creaste luego; / a su mente sagrada / diste noble sosiego, / a sus ojos el brillo de tu fuego» (104). Y en el ascenso el alma consigue desprenderse de la materia: «Ya no más confundida

/ con la materia se verá; ya dura / eternamente unida; / ya tan sólo procura / volar al foco de su lumbre pura (107)[19].

En este desapego del cuerpo resulta fundamental el poema «Plegaria», que se abre con la cita: «Amor vult esse sursum» (el amor quiere estar arriba), de *De imitatione Christi*, obra atribuida a Tomás de Kempis y libro de ascética para alcanzar la purificación y servir de guía en el camino del cristiano. Toda la lógica del *contemptus mundi* se encuentra aquí: el desprecio del mundo material para que el alma se eleve a Dios. El alma está «perdida» y «ciega» en el «mezquino mundo», «mar tempestuoso», incluso «yace angustiada en cárcel tenebrosa» (108), y solo puede salvarse, otra vez, en el fuego divino: «Hiera, Señor, el alma del Poeta / un rayo de tu luz maravillosa, / para que este deseo, que le abruma, / en su fuego santísimo consuma» (108). Es la luz de Dios quien saca al alma de su prisión: solo se sale de la cárcel negando el cuerpo y elevando la visión (mística). Sin embargo, en «Al mirar tus ojos», la cárcel no es tenebrosa, sino dura, porque la mirada percibe la luz de los ojos de la amada y es capaz de permear la dureza corpórea o quitar el velo de irrealidad. Como se ha advertido al inicio, dos planteamientos neoplatónicos: la luz exterior que solo se alcanza en la contemplación y en el rechazo a lo material frente a la luz interior que emana de la materia y permea en el cuerpo:

> Sueño, al mirar tus ojos, que suspiro
> en dura cárcel. Por estrecha reja
> cielos y montes enriscados miro;
> un limpio lago su beldad refleja.
>
> [...]
>
> Vuelvo a mirar tus ojos con profundo
> mirar, y el pensamiento se figura
> que el lago en su cristal retrata el mundo
> con más rara beldad, con luz más pura.

---

[19]   El arder de amor, aparte de Dios, también lo provoca la amada: «¡Ay! Más que nunca enamorada ella, / me estrechaba también contra su seno, / y de él salían misteriosas llamas, / consumiendo del alma las escorias, / y dejándola limpia como el oro» («Sueños», 87); «La llama de tus ojos / borró del pecho mío / desengaños y enojos, / y dulces santas lágrimas / vertió mi corazón; / mi corazón impío, / mi corazón de hielo / ardió en luz vivísima, / señora, de ese cielo / que en tu hermosura vio» («Recuerdo», 117); «Lámpara de oro que jamás se apaga, / y arde en el seno de la tierra oscuro» («Último adiós», 99); «¿Quién me asegura luego, / al sentirme inspirado, / de no morir quemado / en tan hermoso fuego?» («A Genoveva», 93). Juan Carlos Rodríguez (2017: 263-319) analiza el fuego en el neoplatonismo español del siglo xvi y, en concreto, en Fernando de Herrera, como una metamorfosis, una espiritualización, la fusión de las almas.

> Todo mejor en su tranquilo espejo:
> más armónico todo y delicado,
> copia torpe es el mundo. Es el reflejo
> de inasequible perfección dechado (110).

IRONÍA

Los versos seleccionados y vistos hasta ahora podrían hacer pensar que Valera se tomó el neoplatonismo en serio, pero lo cierto es que hubo espacio para la ironía. Quienes se acercaron a la lectura de sus poemas lo llamaron «escéptico»: Revilla («un humorista, un artista de fino y riente espíritu que con todo juega y de todo se ríe, y que se halla muy a gusto en medio de la negación», 1883: 54), Blanco García («un escéptico que expone las teorías de Pitágoras y Platón, de la escuela teúrgica de Alejandría y del misticismo cristiano, revolviéndolas como las figuras del caleidoscopio», 1903: 147), Roca Franquesa (1947: 57) o Meregalli, quien, además de «escéptico», lo definió como «oportunista» (1948: 17). Por el contrario, González Blanco negó cualquier escepticismo en Valera, viendo en él un compromiso católico (1905: 691-695)[20].

El distanciamiento con la teoría platónica se manifiesta, muy claramente, en la reseña al libro *Psicología del amor*, publicado en 1888 por Urbano González Serrano:

> Un punto hay en que estoy perfectamente de acuerdo con el Sr. González Serrano: su odio y mala voluntad al amor vulgarmente llamado platónico. Es sofistería que, siendo el hombre y la mujer compuesto de alma y cuerpo, y mediando la diferencia de sexo y la inclinación natural y poderosa que de ella nace, prescindamos del cuerpo y nos amemos sólo con el alma (1888: 378)[21].

---

[20] Para profundizar en este aspecto, más allá de la poesía, véase Varela Iglesias (1987). Véase, además, cómo Krynen (1946) relaciona esteticismo y misticismo en Valera: el arte ocupa el espacio de Dios.

[21] Recuérdense las palabras de Pepita Jiménez a don Luis de Vargas cuando propone un amor sin pecado: «Mi voluntad rebelde se niega a lo que usted propone. Yo ni siquiera concibo a usted sin usted. Para mí es usted su boca, sus ojos, sus negros cabellos, que deseo acariciar con mis manos; su dulce voz y el regalado acento de sus palabras y que hieren y encantan materialmente mis oídos; toda su forma corporal, en suma, que me enamora y seduce, y al través de la cual, y sólo al través de la cual se me muestra el espíritu invisible, vago y lleno de misterios [...] Yo amo en usted, no sólo el alma, sino el cuerpo, y la sombra del cuerpo, y el reflejo del cuerpo en los espejos y en el agua, y el nombre y el apellido, y la sangre, y todo aquello que le determina como tal don Luis de Vargas» (Valera, 2011: 309-310). Para un análisis sobre el tratamiento del alma en *Pepita Jiménez*, véase Navarro (2000).

Es una confesión pública que no se aleja del pensamiento que mantuvo en sus cartas privadas. Por ejemplo, en la carta dirigida a Leopoldo Augusto Cueto desde San Petersburgo el 13 de abril de 1857, donde narra su encuentro con la actriz rusa Magdalena Brohan. Aquí, la fusión no se logra en el espíritu, sino en la carne: «y me quería poner los besos en el alma, según lo íntima y estrechamente que me los ponía dentro de la boca, y nos respiramos el aliento, sorbiendo para dentro muy unidos, como si quisiéramos fundirnos y unimismarnos» (cit. en Fanconi, 2011: 139)[22]. Asimismo, Menéndez Pelayo fue confidente de sus aventuras amorosas, y, en la carta que sigue, le comunicó que su edad le impedía enamorarse de otra forma que no fuese la platónica: «Yo estoy perdidamente enamorado (de una manera lícita, estética y platónica, como mis años y mi estado requieren) de una actriz de dicho teatro llamada Estela Hohenfels» (Viena, 31 de julio de 1893)[23]. Menéndez Pelayo, debido a su agudizado sentido crítico y su conocimiento de la vida y obra de Valera, fue muy claro sobre el neoplatonismo poético de Valera: «Todo lo cual debe tomarse por mera fantasía poética o por un modo sutil e ingenioso de insinuarse en el ánimo de la dama a quien los versos se dirigen» (en Valera, 1885: 516).

Pero, la «fantasía poética» que toma en serio el amor ideal desaparece en algunos poemas, siendo evidentes el distanciamiento y la ironía. Así, en «Amor del cielo» la ficción de un amor puro es la excusa perfecta para que los amantes tengan permitido actuar. Al ser puro, el amor no debe causar el enfado del marido y puede reposar en el seno de la amada:

> Ni de este amor se queje tu marido,
> aunque en tu alcoba le sorprenda, y mire
> cual pajarillo revolando en torno;
> aunque le halle escondido,
> entre las flores, de tu huerto adorno,
> cuando en tu huerto por la noche gire.
> Amor tan pudoroso, tan bonito,
> tan inocente y blando,
> dará a tu esposo más placer que susto.
> A ti también te gustará infinito,
> porque este amor, que sabe amar callando,
> ni pide ni da celos ni disgusto.
> Rápidas alas lleva
> sin que a otra parte que hacia ti las mueva.

---

[22]   Para profundizar en sus confesiones erótico-epistolares véase Fanconi (2011).

[23]   Véase la carta en el portal dedicado al autor en Cervantes Virtual, a cargo de Borja Rodríguez: https://www.cervantesvirtual.com/portales/marcelino_menendez_pelayo/obra-visor/carta-de-juan-valera-a-marcelino-menendez-pelayo-viena-31-julio-1893-816420/html/

Mayor delicadeza no atesora
el amor del *Cantar de los Cantares*.
Si mi amor no se inclina en tus altares,
hasta en el cielo desterrado llora.
Es, por su candidez, como de nieve,
por su ardor, es de fuego,
y si en tu seno a reposar se atreve,
como es tan limpio y leve,
ni le mancha, ni turba tu sosiego (111-112)[24].

El tono irónico, incluso humorístico, se repite en «Interpretación de un sueño», donde el Amor no atrae a la bella Elisa por la belleza del alma, sino por el dinero: «Se viste de caballero, / con levita, con sombrero, / con corbatín y otras galas, / y en vez de flechas y alas / se proporciona dinero» (113); en «A Melisa», donde el deseo del cuerpo es más fuerte que la contemplación racional, y la lectura (el camino del sabio) se hace imposible, pero en ningún momento esto provoca lamento en el poeta, y tampoco el poema se mueve en el fracaso del amor puro: «No leo, si te aguardo, / porque las letras brincan, / y donde decir deben / *Dios* o *filosofía*, / dicen *amor*, *abrazos*, / y *besos* y *Melisa*» (114); o en «Saudades de Elisena», donde el lenguaje neoplatónico (luz, alma, mirada, cielo, etc.) se mezcla con la intimidad amorosa en una alcoba y el goce del cuerpo: «Yo robaba de tu boca / la canción aún no nacida, / tú las lisonjas de amante / sofocabas en la mía» (75).

PARA UN FINAL PLATÓNICO: VIVIR «DONDE DESPIERTE O SUSCITE MI VOZ SIMPÁTICA RESONANCIA»

No se puede comprender, en su totalidad, una figura tan relevante para la literatura de la segunda mitad del siglo XIX como es la de Valera, si se excluye una parte de su obra literaria. De ahí que la relectura o el rescate de los poemas de Valera sea una tarea fundamental y deba acompañarse de un profundo análisis. Este ha sido el objetivo que ha movido el presente trabajo, donde se han expuesto las diferentes manifestaciones del neoplatonismo que componen la obra poética de Valera.

El autor cordobés se enorgullece de ser poeta y lo hace desde un planteamiento neoplatónico: escribe para, siguiendo el camino del sabio (o del místico), llegar a Dios, pero también para encontrar el alma bella que le corresponde. De ahí que unas veces se apoye en el petrarquismo y otras en el neopla-

---

[24] En palabras de Menéndez Pelayo, «la picaresca composición de nuestro vate, puede pasar por parodia o por maligno comentario de esta doctrina [platónica]» (en Valera, 1885: 521).

tonismo cristiano. Para Valera, la poesía es anagoge y, a la vez, expresión del alma bella, porque las dos vías poéticas llevan a la unión amorosa, tal y como se condensa en estos versos de «A Catalina», donde la amada expresa su amor puro de la misma manera que el neoplatónico Jámblico evoca el amor ideal: «El amor que amó Psiquis allí mora / en toda su hermosura, / y el corazón te enciende y enamora, / y sale de tu fuente limpia y pura, / como a la voz de Jámblico evocado» (116).

Pero, no todo es absoluto en un autor que se pone en duda como poeta e ironiza sobre el amor platónico y, por tanto, sobre su propia lógica poética. Desde su formación clasicista Valera construye una poesía, una «fantasía poética», que se asienta en el neoplatonismo y lo explora hasta sus últimas consecuencias: la ironía.

En definitiva, Valera se sirvió del neoplatonismo para escribir versos y para construir un poeta en busca de la pureza que, incluso, quiso mantener el compromiso con su poética hasta la eternidad, y quiso enamorar platónicamente a sus futuros lectores (sus almas afines en la simpatía universal), con unos versos hechos «sólo por amor entrañable de la misma poesía y con anhelo cariñoso de vivir en lo futuro en algunas almas, afines a la mía, donde despierte o suscite mi voz simpática resonancia, cuando ya no pueda mover con impulso material las ondas del aire» (Valera, 1885: 22).

BIBLIOGRAFÍA

ALIGHIERI, Dante, *La Divina Commedia*, Bianca Garavelli y Lodovico Magugliani (eds.), Milano, Rizzoli, 2017.

BLANCO GARCÍA, Francisco, *La literatura española del siglo XIX*, II, 2.ª edición, Madrid, Sáenz de Jubera, 1903.

CORIASSO MARÍN-POSADILLO, Cristina. (2007). «La canción *Alla sua donna*: el platonismo paradójico de Giacomo Leopardi», *Cuadernos de Filología Italiana*, 14 (2007), pp. 117-132.

COSSÍO, José María de, *Cincuenta años de poesía española (1850-1900)*, I-II, Madrid, Espasa-Calpe, 1960.

FANCONI, Paloma, «Carta, novela y erotismo en don Juan Valera», *Dicenda. Cuadernos de Filología Hispánica*, 29 (2011), pp. 131-143.

FICINO, Marsilio, *De Amore. Comentario a El Banquete de Platón*, Rocío de la Villa (ed.), Madrid, Tecnos, 1986.

GARAY, Jesús de, «Magia y neoplatonismo en Ficino», en Francisco Rodríguez Valls y Juan José Padial Benticuaga (eds.), *Hombre y cultura. Estudios en homenaje a Jacinto Choza*, *Thémata*, 2016, pp. 217-232.

GARCÍA, Antonio, «Poesías de Juan Valera», *La España* (Madrid), 30/06/1858, [pp. 1-2].

GARCILASO DE LA VEGA, *Poesías castellanas completas*, Elias L. Rivers (ed.), Madrid, Castalia, 2010.

GONZÁLEZ BLANCO, Andrés, «La vida literaria. D. Juan Valera», *Nuestro Tiempo*, 53, (mayo de 1905), 668-695.

KRYNEN, Jean, *L'esthétisme de J. Valera*, Salamanca, Universidad de Salamanca, 1946.

LEÓN, Luis de, *Poesías*, Javier San José Lera (ed.), Alicante, Biblioteca Virtual Miguel de Cervantes, 2008. https://www.cervantes-virtual.com/obra/poesias-3/

LEOPARDI, Giacomo, *Canti*, Niccolò Gallo y Cesare Garboli (eds.), Torino, Einaudi, 1993.

MEREGALLI, Franco, «Valera y Leopardi», *Revista de la Universidad de Oviedo. Facultad de Filosofía y Letras*, IX, 49-50 (1948), pp. 5-22.

NAVARRO, Ana, «De la topología del alma en "Pepita Jiménez" y de sus fuentes». *Actas del XIII Congreso de la Asociación Internacional de Hispanistas: Madrid, 6-11 de julio de 1998. Tomo II. Siglo XVIII. Siglo XIX. Siglo XX*, Madrid, Castalia, 2000, pp. 329-337.

NAVAS RUIZ, Ricardo, *Poesía española. El siglo XIX*, Barcelona, Crítica, 2000.

NIEVA, José María, «Proclo: el papel soteriológico de la poesía inspirada», *Nuevo Itinerario*, 14, 1. (2019), pp. 229-252.

PALENQUE, Marta, *El poeta y el burgués (Poesía y público 1850-1900)*, Sevilla, Alfar, 1990.

—*Auras, gritos y consejos. Poesía española (1850-1900)*, Universidad de Extremadura, 1991.

PETRARCA, Francesco, *Canzoniere*, Roberto Antonelli, Gianfranco Contini y Daniele Ponchiroli (eds.), Torino, Einaudi, 1992.

PRADIER SEBASTIÁN, Adrián, *La estética de la luz en la Edad Media. De Ps. Dionisio Areopagita a Roberto Grosseteste*, tesis dirigida por Ricardo I. Piñero Moral, Universidad de Salamanca, 2015.

PROCLO, *Himnos y epigramas*. Jesús María Álvarez Hoz y José Miguel García Ruiz (trad. y ed.), Donostia, Iralka, 2003.

REVILLA, Manuel de la. *Obras*. Madrid, Imprenta Central a cargo de Víctor Saiz, 1883.

RIVAS HERNÁNDEZ, Ascensión, «Las ideas poéticas de Juan Valera en los "Estudios críticos"», *RILCE*, 24.1. (2009), pp. 136-146.

ROCA FRANQUESA, José María, «La personalidad poética de Juan Valera». *Revista de la Universidad de Oviedo. Facultad de Filosofía y Letras*, VIII, 41-42 (1947), pp. 41-73.

RODRÍGUEZ, Juan Carlos, *Teoría e historia de la producción ideológica. Las primeras literaturas burguesas*, 3.ª ed., Madrid, Akal, 2017.

ROMERO TOBAR, Leonardo, «Valera traductor y teórico de la traducción», en Francisco Lafarga y Luis Pegenaute (eds.), *Traducción y traductores, del Romanticismo al Realismo*, Peter Lang, 2006, pp. 369-390.

SPERL, Stefan y Yorgos DEDES (eds.), *Faces of the Infinite. Neoplatonism and Poetry at the Confluence of Africa, Asia and Europe*, Oxford University Press, 2022.

TORRALBO CABALLERO, Juan de Dios, «La poesía de Juan Valera: luz interior del alma», en Rafael Bonilla Cerezo, Angelina Costa Palacios y Estrella Montero Sánchez (eds.), *Juan Valera (1905-2005). Actas del II Congreso Internacional celebrado en Cabra los días 27, 28, 29, 30 de abril y 1 de mayo de 2005*, Cabra, Ayuntamiento de Cabra, 2006, pp. 457-472.

—*La constancia literaria de Juan Valera: poesía, traducción y novela*. Rute, Córdoba, Ánfora Nova, 2011.

URRUTIA, Jorge, *Poesía española del siglo XIX*, Madrid, Cátedra, 2008.

VALERA, Juan, *Estudios críticos sobre literatura, política y costumbres de nuestros días*, I-II, Madrid, Librería de A. Durán, 1864.

—*Pepita Jiménez. Cuentos y romances*, Madrid. A. de Carlos e hijo, 1875.

—*Canciones, romances y poemas*, Madrid, Imprenta y fundición de M. Tello, 1885.

—*Nuevos estudios críticos*, Madrid, Imprenta y fundición de M. Tello, 1888.

—*Pepita Jiménez*, Leonardo Romero (ed.), Madrid, Cátedra, 2011.

VALERA, Juan y Ramón de CAMPOAMOR, *La metafísica y la poesía*, Madrid, Sáenz de Jubera, 1891.

VARELA IGLESIAS, M. Fernando, «El escepticismo filosófico de don Juan Valera», *Anales de Literatura Española*, 5 (1986-1987), pp. 533-556.

NOTA A ESTA EDICIÓN

La presente edición recoge una serie de poemas escritos por Juan Valera desde un pensamiento neoplatónico. Los poemas seleccionados pertenecen al libro *Canciones, romances y poemas* (Madrid: Imprenta y fundición de M. Tello, 1885).

En esta edición, respecto a la susodicha publicación, se mantienen los signos de puntuación marcados por el autor, se actualiza la ortografía y se corrigen las erratas.

Del amor

El Amor, hijo del cielo,
vida latente del mundo,
germen de luz y fecundo
manantial de consuelo,
tiende muy alto su vuelo.
y sobre los astros mora,
en región encantadora,
de la tierra tan lejana,
que a veces la mente humana
donde vive Amor ignora.

Mas hay otro amor terreno,
que de amor usurpa el nombre,
y ofrece, traidor, al hombre,
en vez de néctar, veneno;
amor de malicia lleno,
en cuyo engañoso altar
va el corazón a inmolar
por un sueño su ventura;
rico sueño mientras dura,
horroroso al despertar.

Para vencer de este amor
enemigo la influencia,
no se conoce otra ciencia

que ir en busca del mejor;
y como en tan superior
esfera culto recibe,
sólo al alma que concibe
la perfección de su ser,
alas le pueden nacer
para volar donde vive.

Un alcázar peregrino
tiene en el mundo ideal,
fundado sobre el raudal
del pensamiento divino;
en fulgente torbellino,
de los seres tipos bellos
le circundan, y destellos
lanzan tan vivos, que ansiosa,
cual amante mariposa,
el alma se abrasa en ellos.

Los Santos y los cantores,
de la tierra ejemplo y pasmo,
bebieron el entusiasmo
en sus puros esplendores.
¡Este amor de mis amores
origen era también!
¡Ay! Yo soñaba un Edén
de mi voluntad sustento;
hoy niega el entendimiento
este soberano bien.

Del bien supremo el olvido
mató la esperanza mía,
y aún en mi pecho existía
un afán desconocido.
Quien este afán no ha sentido,
lo que es padecer ignora,
y cuanto el alma atesora
de dolor y angustia muda,
si la inteligencia duda
y la voluntad adora.

Las aventuras de Cide Yahye
Historia filosófica y verdadera

PRIMERA PARTE
La belleza ideal

Io mi son pargoletta bella e nova,
e son venuta per mostrarmi à vui
delle bellezze e loco dond'io fui.
Io fui del cielo, e tornerovi ancora,
per dar della mia luce altrui diletto;
e chi mi vede, e non se ne inamora,
d'amor non averà mai, intelletto.
(Dante Alighieri, Ballatta)

I

Allá en los tiempos antiguos
y cuando era la morisma
dominadora soberbia
de la bella Andalucía;
en un rincón olvidado,
por pobre, de la codicia
de los hombres, y perdido
en la espesura sombría
de las selvas y los montes
que en torno de la campiña
de Granada, en ancho cerco,
alzan las gigantes cimas,
Cide Yahye venturoso
era señor de una villa;
y aunque adornada tan sólo
de seculares encinas,
de olivos y de castaños,
era agradable a la vista
de aquel quebrado paisaje
la rústica perspectiva.
Los sencillos habitantes
en su pobreza vivían,
sin pensar que más placeres
brindase al hombre la dicha,

que los dones que la tierra
de su trabajo solía
darles en premio, y los goces
de su existencia tranquila.
Virtuoso Cide Yahye,
y su corta monarquía
con la vista dominando,
administraba justicia,
dando en las varias disputas
sentencias equitativas,
bajo de un árbol sentado,
a la puerta de su quinta.
A las labores del campo
iba para presidirlas,
como rey que en el escudo
de Aquiles Homero pinta;
y al llegar las gratas fiestas
de la siega y la vendimia,
con los mismos labradores
cantar y bailar solía.
Amoroso con la gente,
y contento de su vida,
practicaba Cide Yahye
la mejor filosofía.
En sus colorados labios
siempre brillaba la risa;
en su cuerpo fuerte y sano
retozaba la alegría.
Tal era el rey, tal el reino,
donde la virtud sencilla
moraba con la inocencia
de la gente campesina;
donde los dorados tiempos
que fingen en sus dulcísimas
canciones los favoritos
de las musas de Sicilia,
con su patriarcal ternura
realizados se veían.
Cuéntase, pues, que las hadas,
al ver la maldad impía
de los hombres, de la tierra
ya para siempre se iban,

cuando este reino dichoso
descubrieron, y benignas
quisieron favorecerle
con su presencia divina.

II

Tomaron aquel reino para morada propia
las hadas y le dieron su santa beatitud,
y en su seno vertieron el cuerno de la copia,
henchido de riqueza, de gozo y de salud.

Formaron en el aire conciertos armoniosos,
de eterna primavera dotaron al vergel,
hicieron de la viña los frutos más sabrosos,
llenaron las colmenas de perfumada miel.

Pusieron en las fuentes misterioso murmullo,
vistieron de hermosura las flores del jardín,
de la paloma hicieron más lánguido el arrullo,
y más sonoro el trino del ágil colorín.

Como menudo aljófar las gotas de rocío
trémulas en el cáliz de la entreabierta flor,
un fructífero fuego el calor del estío,
una llama divina el fuego del amor.

Do quiera que las hadas esparcían su aliento
crecían frescas rosas de aroma celestial,
con viva luz en torno resplandecía el viento,
cuajábanse en el aire palacios de cristal.

Las hadas a las nubes dieron bellos matices,
a los céfiros blandos suave libertad;
para hacer a los súbditos de Yahye más felices
arrullarlos quisieron en dulce ociosidad.

Sin el trabajo humano daba el feraz terreno
los frutos más opimos con solícito ardor,
torrentes de riqueza brotaban de su seno,
de las fecundas hadas encanto bienhechor.

Nacía sin cultivo el delicado lino,
el gusano industrioso trabajaba a la vez
la seda, en los arbustos el algodón más fino
mostraba en áureas rosas su limpia candidez.

En los mismos corderos la fina y blanca lana
de diversos colores se solía pintar;
ya era azul como el cielo, ya refulgente grana;
las hadas la tejían con arte singular.

Cuanto al hombre le es grato las hadas reunieron
en aquel feliz reino, su encantada mansión
los frutos más extraños las hadas produjeron
que el comercio nos trae de distante región;

la fragante canela, el café de la Moka,
que destilado forma tan suave licor;
la que en árbol tan grande, con magnitud tan poca,
crece negra pimienta de agradable sabor:

la yerba del Catay, olorosa y salubre;
los plátanos, que almíbar dentro del fruto traen;
la palma, que maduros los dátiles encubre
con las airosas ramas que en verdes arcos caen.

Cuantas aves adornan la alegre primavera
hacían de aquel reino su estancia habitual;
recorría los campos la perdiz placentera,
posábase en la oliva el sabroso zorzal.

Los ánades silvestres con majestad graciosa
cerníanse en el seno del lago, sin temor,
y el campo poetizaban la tórtola amorosa
y el ruiseñor sencillo, de los bosques cantor.

Como nunca de hermosas lucían las doncellas
que ya el sol ni el trabajo podían marchitar,
las delicadas manos suavísimas y bellas.
los talles elegantes, amoroso el mirar.

Cantaban y bailaban, asidos de las manos,
pastores y zagalas, hablando de su amor;

sentados a la sombra miraban los ancianos,
los más dulces recuerdos gozando a su sabor.

A pesar de Mahoma, aromático vino,
mejor que los gloriosos de Málaga y Jerez,
chispeaba en las copas, y su fuego divino
de las hinchadas venas serpeaba al través.

Él vertía en el pecho el amante deseo,
él ponía en los labios la dulce persuasión,
y en las negras pupilas, con el furor pimpleo,
brillaba más hermosa la luz del corazón.

El día se pasaba en danzas y en suaves
pláticas amorosas, la noche en poseer
los tesoros del sueño, hasta que al fin las aves
el alba amenizaban con trinos de placer.

Todo en aquella tierra era paz y ventura;
sobre ella la alegría sus alas extendió,
y por el ancho espacio de su atmósfera pura
la copa del deleite ufana derramó.

Nunca dicha más grande soñó en su falansterio
de Fourier admirable el ingenio creador,
ni nunca en el más rico antiguo monasterio
hubo paz más perfecta ni abundancia mayor.

Esto hicieron las hadas, y en bullicioso coro
con los mortales mismos se solían mezclar,
y al compasado estruendo del crótalo sonoro
cantos dar a los vientos, y ligeras bailar.

III

El buen rey, de las hadas protegido,
también entre la fiesta se mezclaba,
y a la música alegre dando oído,
de su vientre a pesar, diestro bailaba;

que era pequeño y gordo, pero había
un no sé qué tan penetrante y vivo

en su rostro, que el alma descubría,
siendo de ella trasunto fugitivo.

No le acosaba el velador cuidado,
ni placer le faltaba ni riqueza,
disfrutando de un sueño regalado
en el seno gentil de la pereza.

Guardaba de su harén en el recinto
mujeres como lindos serafines,
alhajas mil de género distinto,
y perfumes y fuentes y jardines;

y de una quinta, que la fértil vega
ostentaba en la parte más florida,
de generosos vinos la bodega
con profusión diversa bien surtida.

Cantos gozaba, bailes seductores,
la tierra en torno sonreía ufana;
amor le prodigaba sus favores,
renacía en él la juventud lozana.

Mas en tan grato estado y tan risueño,
Yahye empezó a sentir melancolía;
buscó la soledad, faltóle el sueño,
vagó en el seno de la selva umbría.

Ardió su corazón en la sagrada
llama de lo ideal, que tierna adora,
no satisfecha el alma enamorada
del placer que en la tierra se atesora.

Buscó en la noche su ilusión querida,
la creyó hallar entre la selva obscura,
en el seno del aura adormecida,
en el cristal de la corriente pura.

Prestó Yahye un amante sentimiento
al arrullo del céfiro en las hojas,
a las flores amor y pensamiento
de la tórtola amante a las congojas.

Y no pudieron apagar el fuego
del místico raudal de sus dolores,
ni de la noche el plácido sosiego,
ni la tórtola, el céfiro y las flores.

Y por calmar su loco desvarío
se entregaba otra vez a sus placeres,
mas sólo hallaba doloroso hastío
en festines, perfumes y mujeres.

Todo a su alma indiferente era;
el poderoso corazón sentía
taciturno dolor, y una hechicera
forma ideal fingió la fantasía.

La encadenada inteligencia humana
muy rara vez tras lo ideal se lanza,
pero la voluntad recorre ufana
la eterna inmensidad de la esperanza.

Que el Eterno nos dio tan sólo, creo,
un rayo de su ciencia peregrina;
pero el alma se eleva en el deseo
y se baña en la atmósfera divina.

Deseo insaciable, que del pecho brota
y en un inmenso círculo se extiende,
cuya circunferencia, siempre ignota,
al Hacedor y a la creación comprende.

¡Oh amor sublime, celestial anhelo
de los santos, artistas y cantores,
con una de tus flechas desde el cielo
pusiste en Yahye místicos amores!

Mirándole las hadas afligido,
consolarle querían con su canto,
mas él lanzaba un mísero gemido
o derramaba lastimero llanto.

Por fin, un día que elocuente estuvo
gracias al rico néctar jerezano,
ante las hadas, que reunidas tuvo,
logró explicar su anhelo sobrehumano.

IV

«Por vuestro benigno influjo
—dijo el rey Yahye a las hadas—,
nuestras rústicas moradas
en la abundancia se ven;
y felices mis vasallos
en el ocio y los amores,
se olvidan de los dolores
humanos en este edén.

Aquí más mágico brilla
en el diáfano espacio
ese disco de topacio
que a la noche da fulgor;
palacios hay en el viento,
maravillas en la tierra.
En nuestros pechos se encierra
encadenado el amor.

Aquí un olor más suave
tienen las gallardas flores,
son más vivos los colores,
más pura la luz del sol,
más melodioso el murmullo
de las auras y las linfas,
y hacéis más nítido, ninfas,
del aurora el arrebol.

Mas de tal dicha orgullosa,
remontó el alma su vuelo,
y sentí un gigante anhelo
en mi corazón hervir;
con este anhelo se eleva
mi ser de mi ser por cima,
y desdichado se estima
sin alcanzarle o morir.

¡Hondo afán! ¡Noble delirio!
¡Amor del alma belleza!
No guarda naturaleza
a mi amor objeto igual;
mas traspasando sus lindes
en la rauda fantasía,
la enamorada alma mía
ha encontrado lo ideal.

Y de aquí nace el hastío
que de cuanto miro brota,
y el placer más leve agota
y marchita el corazón;
del orgullo de mi alma
es un magnífico arcano,
y para el vulgo profano
una incógnita aflicción.

Sin esta célica idea,
por el alma concebida,
de esencia desconocida
y de substancia inmortal,
y que me muestra el deseo
con luz aparente y vaga,
que los sentidos halaga,
fingiéndola material;

sin la posesión y goce
de esta inexplicable idea,
que la imaginación crea
más allá de la creación;
concebida en el deseo,
sin comprenderla la mente,
nacida del vehemente
impulso de la pasión;

Nunca juzguéis que mi vida
pase feliz en el mundo;
el fuego de amor profundo
pronto la consumirá;
y entonces de las cadenas

libre, que me guardan ora,
en la mente creadora
podré abismarme de Alá.

¡Magas bellas! En los sueños
de mi loca fantasía
la forma yo descubría
de esa idea celestial;
levantándose en el aire,
circundada de aureolas,
columpiándose en las olas
de un piélago de cristal.

A las creaciones sublimes
de los poetas divinos
di cuerpo y ser peregrinos,
vida, juventud y amor;
pero en ninguna encontraba
la fantástica señora,
cuya luz el alma adora,
sin conocer su valor.

Que más alta se elevaba,
en lo infinito mecida;
el principio de su vida
inmediato estaba en Dios.
Comprenderla nunca pudo
el humano pensamiento,
ni sentirla el sentimiento,
ni descifrarla la voz.

Vosotras sólo podéis
satisfacer tanto anhelo,
arrebatando del cielo
la llama que alimentó
mi concepción soberana,
y dándole forma ahora,
con la fuerza vencedora
que el Eterno os concedió».

V

Dijo, y los labios de las hadas luego
una sonrisa plácida mostraron,
y de sus ojos de amoroso fuego
mil rayos de esperanza derramaron.

En círculo tejieron una danza
en derredor de Yahye, tan ligera
como el vuelo fugaz de la esperanza
que se remonta a la azulada esfera.

Y al céfiro entregando las aéreas
divinas formas, el espacio hendieron,
y a las regiones caminando etéreas,
dulces cantares a los vientos dieron.

¡Cide Yahye! Tu amante deseo
a la eterna beldad te sublima;
es la llama creadora que anima
en los hombres la luz celestial;
que da al mártir aliento en la hoguera,
que a los héroes excita al combate,
y en las venas enérgicas late,
inspirando al poeta inmortal.

A tu ruego las hadas rendidas,
a los vientos sus formas entregan,
y el inmenso Oceáno [sic] navegan
del espacio y el tiempo sin fin.
del espíritu ardiente en el mundo.
en un mundo invisible su vuelo
detendrán, y robada del cielo,
la hermosura será para ti.

Sé feliz si en tu pecho sereno
la esperanza vivífica está;
si de ingente deseo está lleno,
la divina esperanza en tu seno
una ingente energía pondrá.

Así cantando alegres, las hadas en el aire,
como lejana nube, se perdieron por fin,
y extendidas las alas con gracioso donaire,
de nuestra espesa atmósfera doblaron el confín.

Al sentirse en el éter bañadas por do quiera,
se desnudaron luego la forma terrenal,
y ya puros espíritus, como la luz ligera,
los campos recorrieron del éter celestial.

Y llegaron al mundo do las ideas viven,
y de la inteligencia habitan en el mar;
así como los cuerpos y formas se perciben
en el tendido espacio flotando sin cesar.

Y arrebataron luego la concebida idea,
y una forma perfecta la dieron de mujer,
esplendente cual rayo de la luna febea,
que en el dorado viento se baña con placer.

Sacaron de las flores la más suave esencia
para dar a su aliento perfume sin igual,
de una llama divina de noble inteligencia
adornaron las hadas su frente virginal.

De la deidad de Chipre la zona encantadora
en torno colocaron de su talle gentil,
y en sus mejillas puras, cual la luz de la aurora.
avergonzar quisieron la rosa del abril.

Eran dos luces bellas, del alma noble encanto,
brillantes de deleite, dormidos de pudor
sus ojos, y su boca el cáliz limpio y santo
do puro se guardaba el néctar del amor.

El delicado arrullo del apacible viento,
si a Flora misterioso enamora tal vez.
no puede ser más blando que el voluptuoso acento
que exhalaban sus labios, más dulces que la miel.

Diéronle la pureza de las vírgenes flores
las hadas, de la tórtola el inocente ardor,
del alba nacarada los púdicos colores,
el melodioso encanto del tierno ruiseñor.

Del corazón sencillo la mágica violencia
su terso seno cándido hacía palpitar,
y una vaga sonrisa de amorosa inocencia
sobre sus frescos labios volaba sin cesar.

Nunca mujer más bella fingió la fantasía
en los mágicos sueños de un genio creador,
levantada en las alas de la ardiente poesía,
adormida en el seno del encantado amor.

Ni nunca puro arcángel ni hurí del paraíso
dieron forma más bella a la esencia inmortal;
que el poder de las hadas en ella mostrar quiso
la fórmula suprema de lo bello ideal.

Así formada, al mundo trajéronla dormida,
con el tranquilo sueño que goza la virtud;
vertieron en su rostro espíritu de vida,
y ciñeron sus sienes de eterna juventud.

VI

¿Qué poeta en sus cantos no te evoca?
¿Quién dulces versos en tu honor no canta,
si a tu grandeza la alabanza es poca,
si en tu hermosura el corazón se encanta?
Con viva fe la humanidad te invoca,
y el amor suyo hasta tu amor levanta,
siempre con varios nombres uno mismo,
de nuestro inmenso amor inmenso abismo.

Sed de deleite, sed de lo futuro,
del sumo bien inextinguible anhelo.
éxtasis milagroso de amor puro,
que nos transporta de la tierra al cielo;

tú haces bajar del eternal seguro
al mismo Amor con amoroso vuelo,
y desde la alta esfera cristalina
al hombre infundes su ilusión divina.

Fruto de la sagrada inteligencia
y de la libre voluntad humana,
pues del alma y del Ser tu etérea esencia
por un enlace místico dimana;
raudal de gloria, manantial de ciencia,
recuerdos dulces, ilusión temprana
eres, y cuanto al hombre finge y crea,
de la fe causa, fuente de la idea.

Como la anacreóntica paloma
te meces en las cuerdas de la lira,
el corazón en ti su fuerza toma.
tu aliento solo el entusiasmo inspira;
das vida al arte, y encantado aroma
sobre tu seno el ánima respira,
cuando, de la materia roto el lazo,
con ternura descansa en tu regazo.

Así el alma de Yahye, que dormido
se quedó con el canto de las hadas
(lo que tal vez os haya sucedido
con mi historia, lectoras adoradas),
le dejó en su letargo sumergido,
y con las raudas alas desplegadas,
rompiendo el aire y remontando el vuelo,
se fue a perder en el azul del cielo.

Y se nutrió de luz y de ambrosía,
se coronó de amor y de contento,
adquirió nueva vida y energía
su noble y endiosado pensamiento;
el éter recorrió su fantasía,
y mecido su espíritu en el viento,
se volvió al cuerpo, que, en quietud sabrosa,
soñaba ya con su futura esposa.

Y entonces despertó con nuevo brío,
sintió en su pecho arder la llama pura
de un amante y suave desvarío;
brilló en sus ojos sin igual ternura,
y se encontró del plácido sombrío
reclinado en la fértil espesura,
oyendo en torno un cántico sonoro,
por muchas voces repetido en coro.

Rico canto triunfal, que alzaba el alma
desde la tierra al cielo en un instante;
mas la de Yahye conservó su calma,
y vio que se acercaba una radiante
virgen, esbelta como airosa palma
y vestida de un manto rozagante.
De la virgen en pos, las hadas bellas
eran del sol de su beldad centellas.

Iban en pos de la beldad divina
las hadas, cantos entonando suaves,
cantos que, al ver su forma peregrina,
en la enramada las parleras aves
repetían; la fuente cristalina
más dulce murmuraba, y con más graves
sublimes cantos la creación entera
saludaba a la virgen hechicera.

Besábanla los céfiros lascivos,
y al pasar, en su seno derramaban
pensamientos de amor, que fugitivos
sobre su frente cándida cruzaban;
los genios y las gracias con festivos
bailes en torno de ella se agitaban,
enredando su talle los amores
con mil cadenas de olorosas flores.

Las frescas ondas de la clara fuente.
el ruiseñor amigo de la rosa,
la enamorada tórtola doliente,
del céfiro la amante mariposa,

su beldad celebraban sorprendente;
y la Fama a la par, con sonorosa
trompa, volando sobre el aura pura,
anunció por el mundo su hermosura.

Y no quedó nación, no quedó tierra
donde la dulce nueva no llegara,
ni cuanto en sí naturaleza encierra,
que por ella de amor no palpitara;
se estremeció de gozo la alta sierra,
brincó en su cauce la corriente clara,
las almas con ternura la adoraron,
su belleza los cuerpos reflejaron.

Y todo aquel amor que de su seno
naturaleza derramaba en torno,
suspiros dando el céfiro sereno,
y olor las flores, del pensil adorno,
sintió Yahye en su pecho, de amor lleno,
al ver el vago y celestial contorno
de la beldad angélica, nacida
del impulso de su alma enardecida.

Y exhalando un dulcísimo suspiro,
lleno de amor y de ansiedad dichosa,
exclamó Yahye: «En realidad te miro
al fin, divina hermana mía, esposa;
y en ti mi propio pensamiento admiro,
que te ideó tan pura y tan hermosa.
En alas levantado del deseo,
arrullado en su amante devaneo.

Bendita seas, luz de amor, paloma.
de mi espíritu hija y del divino
espíritu, en el cual su fuerza toma
mi corazón, de tu hermosura dino:
¡Oh, cuál esparce delicioso aroma
el aire que circunda tu camino!
¡Cómo las aves cantan! ¡Cuán ardiente
brilla la luz sobre tu tersa frente!

¡Cuán hermosa eres tú, paloma mía.
hija del alma, flor del pensamiento.
engendrada en mi noble fantasía,
de mi amor llama, de mi ser aliento,
perfecto tipo de ideal poësía,
hurí del estrellado firmamento;
ven a mis brazos, ven, esposa, hermana,
yo tu esclavo seré, tú mi sultana!»

Dijo, y ciñó con los amantes brazos
de la beldad la virginal cintura;
y ella, estrechada en tan süaves lazos,
desfalleció de amor y de ternura:
y Yahye recibió de sus abrazos
el deslumbrante don de la hermosura,
mientras que le cercaban los amores,
himnos cantando y esparciendo flores.

La plenitud del ser y de la vida
beber creyó de amor en el torrente;
en su luz vio la luz; llama encendida
en noble orgullo iluminó su frente;
y así Yahye se unió con su querida,
y realizó los sueños de su mente,
transfigurado, hermoso, giganteo,
con el logro gentil de su deseo.

VII

Al unirse Cide Yahye
con la ideal hermosura,
celebrar bodas tan gratas
dispone con pompa suma.
De la capital las calles
alfombrar manda con juncia,
y arcos formar y enramadas
de romero y de gayumba.
Banderas de mil colores
leves en el aire ondulan;
se tapizan las paredes

con alcatifas morunas.
Todo el reino está de gala;
y al llegar la noche obscura,
de brillantes luminarias
se coronan las alturas,
la fachada de las casas,
de las mezquitas la cúpula.
Marca la luz los perfiles
de la bella arquitectura,
y ésta sobre el negro fondo
de los cielos se dibuja.
Vence en brillo a la del día
la luz que todo lo inunda,
desde el alcázar de Yahye
a la recóndita gruta.
Crótalos, flautas, tiorbas,
chirimías y bandurrias,
y enamorados cantares
por donde quiera se escuchan.
Danzas hay aquella noche
como no se han visto nunca,
desde la que en Creta el docto
Dédalo enseñó a la rubia
hija del Rey, que a los muertos
allá en el Tártaro juzga,
hasta el cancán, el bolero,
el fandango y la mazurka,
y los walses y las polkas
que en nuestro siglo se usan.
De leve blonda fantástica
vistiendo cándidas túnicas,
en sendos hilos de perlas
enredada la cintura,
coronadas de diamantes,
Que imitan soles y lunas,
bailan y cantan las hadas
con gracia y desenvoltura.
Las más gentiles doncellas
del reino a la novia adulan;
la novia se alza entre todas,
como la palma entre murta.

En tanto las avecicas,
allá en la verde espesura,
un sublime epitalamio
con dulces trinos modulan;
y aunque vuelan y gorjean,
es su exterior contextura
de esmeraldas y rubíes
y otras joyas que deslumbran.
Hay en el valle aquel día
mil tortolillas que arrullan;
las unas tienen esposo,
las otras están viudas;
mas todas están asadas,
todas rellenas de trufas,
y no por eso están quietas,
y no por eso están mudas,
que están diciendo «comedme»,
con melodiosa ternura,
y hasta a la boca se vienen,
cruzando las auras puras.
El pueblo todo se entrega
al regocijo y la bulla;
y almíbar, vinos suaves,
leche y horchata de chufas
derraman las fuentes todas
de sus encantadas urnas.
Hay también altas cucañas,
y el que a la cima se encumbra,
por haber en el país
de los bienes de fortuna
tanta abundancia, consigue
premios de mayor dulzura.
Elixir de amor perfecto
ponen las hadas en una;
en otra de las cucañas
los viejos un licor buscan
que las canas ennegrezca,
que disipe las arrugas
y que en las venas heladas
fuego juvenil infunda.

Hay en otra una substancia,
invención rara y aguda,
junto a la cual el *hachich* [sic]
no tiene virtud alguna.
A los cielos se remonta
quien esta substancia gusta,
y en un minuto de ensueños
goza un siglo de ventura;
las huríes le acarician,
y los genios con las plumas
le abanican de sus alas;
con sus arpas le dan música,
y con las flores del árbol
del Tooba le perfuman.
Tales son las diversiones
en que se goza la turba;
mas damas y caballeros
de rancia e ilustre alcurnia
acuden luego a Palacio,
do alegres se congratulan,
y de la opípara cena
que les da Yahye disfrutan.
La cena de Baltasar,
que, a no ser por la escritura
misteriosa y por la mano
que tantos males anuncia,
fuera envidiable; las cenas
que Semíramis augusta
daba al príncipe de Armenia,
prendada de su hermosura;
y sobre todo, el festín
que el rey Asuero dio en Susa,
a do sátrapas y magos
fueron en cebras y mulas,
en caballos y elefantes,
y en carretelas ebúrneas;
aquel banquete estupendo,
do convidados se juntan
sabios, guerreros y damas
que el reino de Persia ilustran

desde el Tanais hasta el Indo,
desde Bactra hasta Betulia;
concurridos y famosos
convites fueron sin duda,
pero el que da Cide Yahye
en más primores abunda.
Marcial discreto, en su *Xenia*,
manjares no mentó nunca,
como los que allí el olfato
y el paladar estimulan.
Jamás extrajo Carême
quintas esencias tan puras,
ni las soñó Savarín,
el gran doctor de la gula.
Confites hay cien mil veces
más dulces que miel y azúcar,
y no empalagan ni cansan
con tan extraña dulzura.
Hay allí vinos más ricos
que el Tocay y el Siracusa,
y mantecosos sorbetes
y sabrosísimas frutas.
Arden en áureos braseros,
y por el aura circulan
esencias con que en el cielo
las huríes se sahúman.
Las hadas entonan versos
que dan envidia a las musas.
Para que todo al recreo
y a la amenidad concurra,
salen los gnomos deformes
de sus negras catacumbas,
y juegos hacen de manos
con singular travesura.
Los chistes y discreciones
y la algazara confusa
hicieran reír a Orestes
a despecho de las Furias.
No hay que decir que el buen tono

reinó en aquella tertulia,
y que hizo el rey los honores
con extremada finura.

VIII

¡Ay, qué pronto se pasan los momentos
de dulce amor y de ilusión querida,
y nos dejan en cambio, los tormentos
y el triste desengaño de la vida!

¿Qué flor habrá que el tiempo no marchite,
por más que preste su fragancia agrado?
¿Qué dicha habrá que el tiempo no nos quite?
¿A qué placer no seguirá el enfado?

Pensando en ti, jamás cumplido anhelo,
dijo Espronceda con verdad notoria:
«O eres recuerdo de un perdido cielo,
o la esperanza de futura gloria».

Y para recordarnos el destino
que aspirar debe el alma a más altura,
del placer nos disgusta de contino,
o nos roba el placer si el gusto dura.

Y no hay amor que no consuma el tedio,
ni amistad en el mundo duradera,
ni gozo sin disgustos de por medio,
ni vino que no cause borrachera.

¡Qué terrible es vivir si sus lecciones
el destino nos da tan duramente!
Pero con mis morales reflexiones
me pongo por demás impertinente;

y así, dejando aparte mis quebrantos,
que al fin son los quebrantos generales,
y extenso asunto dieron a los cantos
de otros poetas buenos y fatales;

volvamos a la historia del rey moro,
que se reclina en brazos de su amada,
en un lecho de púrpura y de oro,
por el amor la frente iluminada;

que bebe amor en el ardiente beso
de los intactos labios de la bella;
que respira el suavísimo embeleso
que derraman los genios sobre ella;

que su pequeñez cambia y su gordura
en forma esbelta y talle de gigante,
y que ostenta la mágica hermosura
que el entusiasmo presta a su semblante.

Entusiasmo que el ánima encendía
por Fátena (que así llamarla hizo),
en un amor del cual la musa mía
pintar no sabe el celestial hechizo.

Junto a Fátena, linda, encantadora,
gozó el buen Yahye aquella noche… Un velo
echemos a sus goces. —Ya la aurora,
de escarlata y zafir tiñendo el cielo,

con los dedos de rosa, del oriente
las áureas puertas a la luz abría,
y aún Yahye de su bien lánguidamente
entre los brazos cándidos dormía.

A turbar vino entonces su sosiego
de las trompas el bélico sonido;
despierta, y ve a una diosa, que de fuego
lleva el robusto corazón ceñido.

En pos de ella camina de guerreros
gran multitud, que anuncia desventura
y perdición a Yahye; sus aceros
deslumbran como lampo en noche obscura.

Unos montados van a la jineta,
y la aljaba, al trotar, suena terrible,
y es de junco la rápida saeta,
y es el arco de búfalo flexible.

Otros llevan fortísimos broqueles,
hachas y agudas lanzas; como espumas
del mar blancos turbantes y alquiceles,
y en el yelmo un airón de rojas plumas.

Bravos muslimes son, y los pendones
siguiendo del monarca granadino,
caballeros en árabes bridones,
enderezan al valle su camino.

Ya aquellas altas cumbres se veían
con los altos turbantes coronando,
ya en el seno del bosque se perdían,
cual rápido torrente penetrando.

La Fama los guiaba, y de Granada
iba en pos el monarca poderoso.
De Fátena su alma enamorada,
anhelaba robársela a su esposo.

Lo siente Yahye, y con tremenda saña
arde su pecho y con celosa ira;
desciende al punto armado a la campaña,
y al enemigo, que se acerca, mira.

Sus escasos soldados junta luego,
y camina a buscar los invasores,
con roncas voces y despecho ciego
llamándolos infames y traidores.

Estos se acercan ya, que por el llano
raudos galopan con horrible estruendo,
el duro hierro en la homicida mano,
con el polvo la luz obscureciendo.

Espesos los cerrados escuadrones
cual las hojas de otoño, y tan ligeros,
que el belicoso ardor de los bridones
no pueden refrenar los caballeros.

Y ya corrían con las riendas sueltas,
formando viva y caprichosa cinta
de las veredas por las muchas vueltas.
que ornaban flores de color distinta.

Las plumas y el acero refulgente
parecían del sol a los fulgores,
un ancho arroyo de metal candente,
que en pos arrastra pintorescas flores;

o sierpe en cuyos lomos plateados
se dibujaban como claro espejo
prodigiosos fantasmas agitados,
de la mente de un mágico reflejo.

Y Yahye, colocado en una altura
con un puñado de vasallos fieles,
los aguardaba con marcial bravura,
como acosado lobo a los lebreles.

En aquel punto despertó la hermosa
del apacible enamorado sueño,
y al sentir la algarada temerosa,
buscó en vano los brazos de su dueño.

Al cielo alzó las manos suplicantes,
y ya en pos de su amor corriendo iba,
cuando ancianos y vírgenes e infantes
hallaron a la bella fugitiva.

Y un anciano (Ben-Hud llamado era,
que en la gente zeneta origen tuvo,
y en sus canas mostraba y faz severa
la experiencia y los años) la contuvo;

Y ahogado por las lágrimas su acento,
así la dijo: «¿Dónde vas, Sultana?
Huir no puedes; el bárbaro violento
nos cerca por doquier con furia insana.

Detrás de cada roca hay un soldado,
y sigue de Granada la bandera,
como los copos del invierno helado,
hueste que cubre el valle por do quiera.

Mas que tu esposo vencerá te auguro;
no te aflijas, hurí, porque ya el cielo
a castigar dispónese al perjuro
que el Islam vende, y huella nuestro suelo;

al perjuro Alhamar, que, de Castilla
siervo, su alcázar y potencia nueva
sobre un monte de escombros de Sevilla,
amasado con lágrimas, eleva.

Ven, pues, hermosa Fátena, conmigo;
verás desde la torre que corona
la fértil vega, en un seguro abrigo,
el triunfo con que Alá nos galardona».

Así, para calmar a la extranjera,
dijo, y ahogó su llanto el triste anciano,
enjugando la lágrima postrera
con el revés de la rugosa mano.

De espanto llena, en la terrible duda,
luchando entre esperanzas y temores,
siguió a Ben-Hud, acongojada y muda,
la que nació del cielo y los amores.

Y todos los ancianos la cercaban,
su gracia celebrando y su belleza,
y mientras que a la torre caminaban,
así decían con gentil grandeza:

«Combatir, en verdad que no es extraño,
por causa de tan mágica hermosura;
¿qué vale, en parangón de bien tamaño,
de una vida tranquila la dulzura?

Si la vejez no hubiese destruido
con su soplo fatal la fuerza nuestra,
los primeros hubiéramos salido
a combatir en la marcial palestra».

Sobre la torre ya, todos los ojos
fijábanse en la dama, y el aliño
de su beldad trocaba los enojos
en dulces muestras de cordial cariño.

Porque no hay alma, por feroz que sea,
que amor no inflame al contemplar lo bello,
y en ese mismo amor, que la recrea,
de su divino ser siente el destello.

La batalla a mirar se disponía
Fátena, de dolor transida el alma;
ancianos y mujeres allí había,
pero reinaba aterradora calma.

Cual las matronas de Ilión famosa.
trémulos esperaban el encuentro,
y más que todos, la Sultana hermosa,
puesta de los ancianos en el centro;

aunque sin culpa, semejante a Elena,
que, colocada sobre el muro pardo,
miró luchar en la campiña amena
al rubio Atrides y al pastor gallardo.

En esto ya del Nazarita altivo
cerca la hueste, resonó la trompa,
y aquel raudal de acero, ardiente y vivo,
se quedó inmóvil con guerrera pompa.

Mas duró poco el lúgubre sosiego;
demandó el granadino a la Sultana;
Yahye se la negó; las huestes luego
se encontraron con furia sobrehumana.

Y de los dardos matadora nube
formaron; Azrael volaba en ella,
y con sus negras alas el querube
trajo la muerte a la pradera bella.

En la doblada plancha del escudo
el hacha resonaba; tristes ecos
el clangor bronco del clarín agudo
de los peñascos despertó en los huecos.

Yahye, entre tanto, con valor sublime
la muerte por do quiera difundía.
«¡Oh, con qué acierto destructor esgrime
el fulminante acero en este día!

¡Oh, qué valiente! Su terrible espada
se abre camino por la hueste fiera
(exclamaba Ben-Hud); de esta jornada
se admirará la gente venidera».

Y Fátena miraba, y conocía
entre la turba a Yahye, que en el seno
de la enemiga gente combatía,
de polvo y sangre y de coraje lleno.

Mas ¡oh dolor! que en medio de su gloria
un dardo a herirle por el aire vino.
que, para arrebatarle la victoria,
contra su seno dirigió el destino.

El dardo matador entró en su seno
de peto y espaldar por la juntura,
y Yahye vino a tierra, como el trueno,
al caer resonando la armadura.

Fátena, al verle así, perdió sentido,
y sus divinos ojos se velaron
con nube de dolor. Hondo alarido
de espanto sus vasallos exhalaron.

Creyeron muerto a Yahye, y a la huida
cobardes entregándose, la espada
dividió sus gargantas, y la vida
perdieron, y la gloria codiciada.

Así de Yahye se eclipsó la estrella,
así triunfó el monarca granadino,
cayó en sus manos Fátena la bella,
se rindió todo a su feliz destino.

Pero no; que de amigos corto bando
—¡tanto puede el esfuerzo del que ama!—
seguían de Yahye en torno peleando
con el ardor de destructora llama.

No dejarle jamás jurado habían,
y antes mil veces perecer primero,
y cercándole todos, resistían
cual firme muro de crujiente acero.

¡Cuán difícil romperle! Ya la tierra
de cadáveres llena se mostraba,
y en sangre tinta, cual la yerta sierra
que el volcán cubre de encendida lava;

Mas la muerte cruel sobre ellos vino,
del amigo valientes defensores,
y ya hasta Yahye abríanse camino
para matarle al fin los invasores,

cuando las hadas, cual ligera flecha,
rompiendo el aire, a Yahye se acercaron,
y en una nube, por encanto hecha,
llevándosele oculto, le salvaron.

Y entonaron un himno misterioso,
que sólo con el alma oyó el herido;
himno que nunca el viento vagaroso
llevó de los mortales al oído.

IX

«Yahye, tú morir no debes;
en vano la muerte imploras.
¿Por qué débilmente lloras
¡oh Yahye! por la mujer?
¿Por qué materializaste
esa beldad peregrina,
que en tus ensueños creaste
sin llegarla a comprender?

¿Por qué nos rogabas tanto
la robáramos del cielo?
¿No pudiste en raudo vuelo
tú mismo el éter cruzar,
y abrazándote a la idea
en su prístina hermosura,
fuera del mundo, en la pura
región del alma morar?

Tú, que esa idea sentiste
De tu ser en lo profundo,
¿cómo quisiste en el mundo
darle un efímero ser?
El progreso de esa idea
al tiempo sin fin excede;
el universo no puede
su grandeza contener.

Cual de un germen solo acaso
dimanan las crïaturas,
cual se cifra en diez figuras
la infinita cantidad;
de la perfección suprema
y la hermosura increada,
en esa idea, cifrada
tuviste la inmensidad.

Y aunque el objeto inefable,
de que la idea es emblema,
y su perfección suprema
el mundo no guarde en sí,
siempre por el portentoso
y fecundo movimiento
de tu propio pensamiento
pudiera nacer en ti.

Mas tú la idea creadora
en el pecho ahogaste, cuando
al nacer la ibas velando
de una forma material.
Pigmalión a su estatua
dio aliento, vida y sentido;
mas tú en fango has convertido
la hermosura celestial.

Indeterminada y vaga,
pura la idea en tu mente,
hubiera sido la fuente
de la eterna beatitud:
desdoblándose en tu pecho,
mayor que el mundo te hiciera;
libre de forma, te diera
toda plasmante virtud.

Como el escultor pagano,
el mármol animarías;
como Salomón, sabrías
los enigmas descifrar
del lenguaje de las aves
cuando cantan sus amores,
del perfume de las flores,
de los bramidos del mar.

El misterio alcanzarías
del que en varios caracteres
unidos forman los seres
jeroglífico inmortal;
cábala maravillosa
que abarca toda la idea;

el que la comprende crea
un universo ideal.

¡Ah! Tú no puedes crearle;
desechaste el germen puro,
interrumpiste el conjuro,
turbaste la evocación;
mas el amor que en ti vive
por la idea no entendida,
da un alto fin a tu vida
y una sublime misión.

Eres semejante al alma
de amor al Amor objeto,
que en un consorcio secreto
pudo gozar del Amor,
y que gozarle tan sólo
sin conocerle no quiso,
y perdió su paraíso
por un acto de valor.

En un palacio encantado
la venturosa vivía,
y gozaba y poseía
toda riqueza y placer.
A su seno, entre las sombras,
Amor venía rendido;
mas el bien desconocido
ella quiso conocer.

Y le vio hermoso y desnudo
sobre el tálamo de amores.
con alas de mil colores
y el aspecto juvenil;
la cabellera de oro,
la tez de rosas y nieve,
blanca la mano, el pie breve
y la estatura gentil.

Era fuerte cual los dioses;
como niño, delicado,
y dormía enamorado

soñando dichas de amor;
de sus labios entreabiertos
brotaba aliento divino;
nardo y claveles tan fino
jamás exhalan su olor.

Jamás tan gallardo esposo
desciñó en la noche obscura
el cinto a la virgen pura
en la cámara nupcial;
jamás tan raro deleite,
jamás ventura tan viva
gozó criatura cautiva
del sentido corporal.

Mas el Amor, despertando,
al mirarse descubierto,
trocó el palacio en desierto
y hasta el empíreo voló.
Y ella, el alma, le buscaba,
y desolada gemía,
y mil tormentos sufría
y por mil pruebas pasó.

Y pura y santa por ellas
cumplió su noble destino,
y así del esposo vino
de nuevo a ver la beldad;
y al verla, conoció que era,
no ya de forma velado,
ilusión lo que había amado,
lo que amaba realidad.

Yahye, vive, alienta; el mundo
recorre en pos de tu amada,
pues limpia y transfigurada,
cual el matutino albor,
volviendo a verla, con ella
vivirás eternamente,
sin agotarse el torrente
de tu amor y de su amor.

Serán tus penas profundas,
que no remedie la ciencia,
enigmas de la existencia
que resuelva la pasión.
Vive, pues; aliento grande
da a tu pecho y energía;
mucho debe todavía
combatir tu corazón».

X

Pienso que así las hadas cantarían,
pues nadie las oyó, cual llevo dicho;
y supongo también que volarían
por donde las llevase su capricho.

Y llegaron a un sitio misterioso,
en el cual sanó Yahye de la herida,
para continuar su borrascoso
viaje por la senda de la vida.

Entre tanto el monarca sarraceno,
vencedor del valiente Yahye, diera
sobre la torre al céfiro sereno
por agradable juego su bandera.

A los que se salvaron de la espada
súbditos de su cetro los hacía,
a par que de la tierra conquistada
lo más pingüe a su gente repartía.

Mas a pesar de tanta desventura,
no perdió su beldad aquella tierra;
y aún hoy salud, riqueza y galanura
entre sus peñas áridas encierra.

«El valle de Lecrín» le llamó el moro,
porque allí alegremente se respira;
aún conserva este nombre, y un tesoro
de fértil hermosura allí se admira.

Allí crecen la vid y el limonero,
en la enramada canta Filomena,
a Flora besa el aire lisonjero,
y la tórtola fiel dice su pena.

Allí las dulces limas, las naranjas
y el vino y el aceite se producen,
y en el monte formando verdes franjas,
robles, castaños y azofaifos lucen.

Su nido en las paredes y en las peñas
suspende allí la errante golondrina,
y en los copudos álamos y albeñas
la torcaz gime y la calandria trina.

La mosqueta, el tomillo y la viola
tienen el fresco ambiente perfumado,
y el trébol, la verbena y la amapola
de púrpura gentil bordan el prado.

Prometen rico y sazonado fruto
los manzanos en flor y los nogales,
y da el arroyo al valle su tributo,
en brazos mil partiendo sus raudales:

Ciñen la margen por do el paso tuerce,
en venas fecundantes, mejorana.
mastranzo, torongil, fragante alerce,
mimbres y almendros con su flor temprana.

Y brinca el agua, y la ladera cruza,
y con grato rumor mueve el molino,
y en diamantes la rueda desmenuza,
y difunde el tesoro cristalino.

Vagos iris en fuentes y cascadas
pone el radiante sol, que las colora;
invisibles allí tal vez las hadas
aún tienen su mansión encantadora.

¡Ay, cuántos de deleite y de ventura,

que nunca volverán, risueños días,
pasé vagando a pie por la espesura
de las florestas de Lecrín sombrías!

Y vosotros, queridos compañeros,
que aquella expedición también hicisteis
con vihuelas y flautas y panderos,
decid, decid lo que en el valle visteis.

¡Qué lindas las muchachas de la aldea!
¡Cómo de nuestro canto se alegraban!
Ninguna era gazmoña ni era fea;
todas alegremente nos trataban.

De la puerta al umbral ora venían,
de heliótropo y de hiedra coronado;
ora por vernos al balcón salían,
de oliva o palma vencedora ornado.

Ya el lindo juvenil rostro moreno,
a la voz de «estudiantes» asomaban
al ajimez angosto sarraceno,
que rosas y albahaca perfumaban.

Pero dejemos ya las digresiones,
que no tocan ni atañen a esta historia,
la más rara entre cuantas tradiciones
guarda allí el campesino en la memoria.

Una noche, sentado en la cocina.
escuché, de la venta de Tablate,
a una vieja la historia peregrina
que narro, aunque parezca disparate.

Y bien recuerdo que añadió la anciana,
al llegar a este punto de su cuento,
que en una cueva del lugar cercana
durmiendo Yahye, se curó al momento.

Dejémosle curarse descansando.
Yo entre tanto, lector, perdón te pido,

y descanso también, sólo anhelando
que te parezca el cuento divertido.

Y la primera parte aquí concluyo;
y si no te disgusta, te prometo
que, para gloria mía y gusto tuyo,
he de escribir el cuento por completo.

A Lucía

Del tierno pecho aquel amor nacido,
que en él viviendo mis delicias era,
creció, quiso del pecho salir fuera,
pudo volar y abandonó su nido:

y no logrando yo darle al olvido,
le busqué inútilmente por do quiera,
y ya pensaba que en la cuarta esfera
se hubiese al centro de la luz unido,

cuando tus ojos vi, señora mía,
y en ellos a mi amor con mi esperanza,
y llamándole a mí, tendí los brazos;

mas él me desconoce, guerra impía
mueve en mi daño, y flechas que me lanza
hacen mi pobre corazón pedazos.

A Lucía

I

Cuando por vez primera
amor sintió mi alma, ricas galas
le dio la juventud, y de ligera
luz a mi corazón brotaron alas
para que en pos de su ilusión corriera.

Como vierte la aurora su rocío
dentro del cáliz de las nuevas flores,
prestándoles aromas y frescura,
así en el pecho mío
ternura y fe pusieron los amores.

Y la fe y la ternura,
que hicieron de mi pecho su morada,
al alma enamorada
infundieron un vago dulce anhelo,
fuego a mis venas, sueños a mi mente,
con el fulgor riente
embellecidos de ignorado cielo.

Y busqué en el concento majestuoso,
que nace de la cósmica armonía,
aquel cielo de amor, puro y hermoso,
objeto del amor que yo sentía.

¡Ay! Yo no comprendía
del universo el admirable arcano,
símbolo y forma del pensar divino,
trasunto de su incógnita belleza;
mas, cual en terso espejo cristalino,
me mostraba do quier naturaleza
mi propio corazón, tierno y ufano;
y presté sentimiento y di ternura
a las flores, al aura, a las estrellas,
y de mi propio amor y su hermosura
enamoréme, enamorado de ellas.

Ora la imagen del amor no veo,
que era objeto ideal de mis amores;
el cristal empañé, segué las flores,
y a la ilusión sobrevivió el deseo.
Y pensando que fuera
el ser que me enamora
de la imaginación dulce quimera,
que la Poesía manifiesta y dora,
di vida, amor y cuerpo a la Poesía:
pero no hallé la luz del alma mía.

¿Dónde estaba su luz? Amante, ciego
la busqué y no la hallé. Corrió perdida
el alma en busca de ella
por el áspera senda de la vida.
Al fin la llama rutilante y bella,
de tus divinos ojos desprendida
hirió del alma la tiniebla obscura,
y bendije, al mirarla, mi destino,
y pensé que la luz de tu hermosura
me mostraba el camino
del cielo que soñé. Nunca mi mente,
en el delirio ardiente
de amor que la cautiva,
vistió de mayor gloria
la maga de sus sueños ilusoria,
de sus amores la deidad altiva.

Tus sienes circundó la inteligencia
de resplandor; pusieron los amores
en tus labios esencia
y fresca miel de delicadas flores;
la rara discreción puso en tu boca
alto discurso, y el amor su acento:
éste sueños dulcísimos evoca,
aquél eleva al cielo el pensamiento.

Te contempla mi espíritu arrobado,
y para siempre olvida
las vanas sombras que adoró engañado,
la ilusión grata que lloró perdida.

En ti adoro, bien mío,
la realidad del sueño,
tormento y gloria de mi edad primera.
¡Qué pálido mi sueño y qué sombrío,
con el lampo risueño
al compararse de tus ojos, fuera!

Tus ojos son mi luz: mi alma recibe
la inspiración en ellos,
y aprisionada vive
en la crencha gentil de tus cabellos.

No ya mi corazón de sus despojos
viste los seres que adoró algún día;
eres tú, con la lumbre de tus ojos,
quien da precio y bondad al alma mía,
do se retratan tu donaire y gala.
Y tan rica con esto me parece,
que a su deseo su valor iguala,
y hasta imagino que tu amor merece.
Ámame: a suplicártelo me atrevo;
si no es digno de tanto quien te adora,
de tu misma hermosura te enamora,
que aquí, en el alma, retratada llevo.

II

Que no comprendes pienso
este cariño intenso,
esta pasión que el alma me devora.
¿Por qué me dices que te olvide, y quieres
que busque en el amor de otras mujeres
el encanto ideal que me enamora?

Antes de conocerte, al alma mía
fue necesario amar, y yo sentía
todo el tormento del amor. Sed era
de un deleite del cielo,
que el alma acaso percibió su vuelo,
antes que forma terrenal vistiera.

¡Ay! En el mundo quiso⁰
hallar mi corazón de sus amores
el ameno perdido paraíso;
y el alma joven, de ilusiones llena,
dio luz al mundo, aromas y colores,
y coronó de imaginada gloria
y vistió de hermosura
a los seres que amó; con honda pena
desengañóse, al fin, su galanura
al mirar ilusoria.

Y aun adoró la voluntad, y nada
hallar podía que adorar pudiera.
Pero te vi, y el alma enamorada
se sintió enternecida,
cual si un recuerdo de tu luz tuviera;
un recuerdo lejano
de otra esfera quizás o de otra vida.

No ya por el encanto soberano
te recordé del rostro; por aquella
sublime conmoción del alma siento
que te reconocí, cuando tu acento
dulcísimo escuché, señora bella.

De tus ojos al ver la luz hermosa,
entre su llama eterna mariposa
el alma tuya ardía,
y recordarla pudo el alma mía.
En un mundo mejor ambas se amaron,
y también recordaron
de sus santos amores la ventura
y conocí que eras
realizada ilusión de mi ternura.
¿Cómo tu labio pide,
cuando son nuestras almas compañeras,
que la mía te olvide?

Por el camino de la vida, errante
tú también como yo, gustaste el fruto
del desengaño amargo;

grave dolor tu espíritu anhelante
postró por fin, y le vistió de luto,
y al débil corazón hundió en letargo.
Débil el corazón de las mujeres
es al dolor: anhela su reposo
guardar el tuyo, y creo
que más infeliz eres
con tu sosiego fúnebre y odioso
que yo en la agitación de mi deseo.

A Blanca Rosa

Por qué mis versos quieres
si tú poesía eres,
Blanca Rosa temprana,
espíritu gentil?
La luz de la mañana
en tu mirada brilla,
adorna tu mejilla
la gala del abril.
La flor que te embelesa,
el aire que te besa,
la luz que te circunda,
la noche, el cielo, el mar,
la luna moribunda,
las pálidas estrellas
con mil poesías bellas
te quieren regalar.
Préstales grato oído,
y el profundo sentido
del inefable canto
vendrás a comprender,
y en tan sublime encanto
tu mente embebecida,
gozará nueva vida
y mágico placer.
Y a la vaga armonía
que amorosa te envía
en la estación amena
la rica creación,
de fe y deleites llena
responderá tu alma,
convertida tu calma
en dulce agitación.
Así cuando la aurora
de rosicler colora
el oriental zafiro,
los bosques y la mar,
en lánguido suspiro,
perfumes dan las flores,
las aves tus amores
se ponen a cantar.

Saudades de Elisena

Souvent femme varie:
Bien fol est qui s'y fie.
(El rey Francisco I)

I

En la siempre deseada
del amor noche sombría,
en aquella estancia tuya,
tan abrigada y tan linda;
cuando la cándida nieve
en densos copos caía,
y daba el hielo a las calles
alfombra resbaladiza,
¡cuán apacibles coloquios,
qué juvenil alegría,
qué canciones me cantabas,
qué ternuras te decía!
Yo robaba de tu boca
la canción aún no nacida,
tú las lisonjas de amante
sofocabas en la mía.
Nunca con mayor esmero,
nunca con mayor delicia,
representaste en los dramas
amorosas heroínas;
no para fingir amores
fue tu talento de artista,
sí para darles la gala
y encanto de la poesía.
Una palabra, un suspiro,
una suave caricia
el poema de tu alma
realizado transmitían.
Tu aliento, tu puro aliento
era espíritu de vida;
Luz del cielo tu mirada,
lampo de amor tu sonrisa.

Cuando pasabas tu mano
por mis cabellos suavísima,
más que Thalberg y que Listz,
si en el piano se inspiran,
despertabas en mi alma
una celeste armonía,
como el amor misteriosa,
inmensa como mi dicha.
Forjaba entonces mi mente
imágenes tan divinas,
que dieran gusto y espanto
si yo acertase a escribirlas.
Allí flores más hermosas
que la *Victoria regina*,
allí más gratos aromas
que en Pancaya y en las Indias,
y los amores bailando
con las musas y las ninfas,
y el Olimpo, y el Walhala,
y los palacios de Indra,
y de Aladino la lámpara,
y los jardines de Armida.
El alma se evaporaba,
y en el éter se perdía,
y cruzaba el mundo todo
como una eléctrica chispa.
En las regiones aéreas,
do mi alma discurría,
se bañaba en claros mares,
en ondas tan cristalinas
cual diamantes, como el oro
puras, dulces como almíbar,
y frescas como una rosa,
Y como la plata limpias.
¡Ay! cuando de estos viajes
tornaba la peregrina,
sobre tu cándido seno
me la encontraba dormida.

II

¿En qué pecó el alma
gentil Elisena,
que del paraíso
así la destierras?
¿Qué amor tuvo el alma,
qué objeto, qué idea
ni qué pensamiento
que tuyo no fuera?
Lejos de ti el alma,
es un alma en pena,
que entrevió la gloria
sin quedarse en ella.
Cual pasan las flores
de la primavera,
pasaron mis dichas,
que en duelo se truecan:
ricé con los labios
las ondas serenas,
hollé venturoso
la rueda tercera,
herí con la mano
del cielo las puertas,
no agosté las flores
y aspiré la esencia;
mas ya para mí
la fuente se seca,
la flor se marchita,
se borra la senda,
se eclipsa de Venus
la nítida estrella.
El alma de amores
herida se queda,
de cariño ansiosa,
de gloria sedienta.
¿Por qué así la tratas?
¿Por qué así la dejas?
¡Ay! yo adoré en cifra
en ti una caterva

de humildes zagalas
y nobles princesas.
En cifra adoraba
en ti la modestia,
hermosura, gala,
virtud, inocencia,
que tal vez los cielos
benignos te dieran,
que tal vez fingiste
con arte en la escena.
Amor en que tantos
amores se enredan,
¿qué mucho que dure
y eterno parezca?
Tú para mí fuiste
siempre varia y nueva;
yo para ti el mismo
de contino era.
Si fuiste inconstante,
es porque te cercan
boyardos de Rusia,
lores de Inglaterra,
y grandes de España,
y mirzas de Persia;
que tus gracias ríen,
tu desdén lamentan,
tu beldad alaban,
tu ingenio ponderan,
adulan tu orgullo,
y tu amor anhelan.
De mí te olvidaste.
ufana y soberbia;
mas son infundados
mi encono y mi queja.
Debió solamente
causarme sorpresa
que en medio de tantas
personas egregias,
del género humano
magnífica muestra,
compendio de toda

la pompa terrena,
mi obscura persona
amor te infundiera,
fugaz como sombra,
sutil como niebla.

III

Elisena, ¿fue tu amor
un veleidoso capricho,
o fue bello, noble y grande
como el amor de tu amigo?
Tú no sabes la amargura
que, al recordar tus hechizos,
ora derrama esta duda
en el pensamiento mío.
Si el pensamiento se viese
de esta amarga duda limpio,
diera el dulce bien pasado
al desdén presente alivio.
Orgulloso y satisfecho
de que me hubieses querido,
renovando en mi memoria
la dicha del paraíso,
tal vez calmara la pena,
la pena que da tu olvido,
de tu efímera ternura
el recuerdo peregrino.
Entonces yo imaginara
que inflamé tu pecho frío,
y que logré conmover
esas entrañas de risco,
y suscitar en tu alma
un amoroso delirio;
amor que si en un momento
se ha transformado en desvío,
concentrándose en mi mente
en un deleite infinito,
en un sublime recuerdo,
en un eterno martirio,
fuera infierno y gloria, fuera
galardón y sacrificio.

Mas ¿cómo adorarte diosa,
que en el corazón me finjo,
cuando de tu ser humano
me da la memoria aviso?
¿Cómo soñar que, llevado
sobre las alas de un silfo,
de tu amor y tu hermosura
subí a gozar al empíreo?
Es cierto que con presentes
no encadené tu albedrío,
ni me dejaste por pobre
ni me quisiste por rico;
es cierto que te ofrecieron
gargantillas y zarcillos
de diamantes y de perlas,
esmeraldas y zafiros;
que te brindaron de seda
y de encajes con vestidos,
con chales de cachemira,
con cebelinas y armiños;
y es cierto que esos tesoros
tu orgullo aceptar no quiso,
y que aceptaste mis flores,
mis versos y mis suspiros.
Mas mi corazón guardaste
de tu hermosura cautivo,
diciendo: «Para mi triunfo
un corazón necesito;
porque corazón no tienen
los que me cercan rendidos,
y de sus joyas y galas
no me envanezco, y me río».
Y atormentaste mi alma
y turbaste mis sentidos,
y con tus besos me diste
un emponzoñado filtro.
Desde entonces, Elisena,
es adorarte mi sino,
y hasta vana y desdeñosa
te adoro, y no te maldigo.

IV

El corazón libre,
libre el pensamiento,
en busca de amores
volaban al cielo.
Ternura infinita
sentía mi pecho
por un infinito
misterioso objeto,
pudorosa ninfa
de gracias modelo,
fantástica maga,
divino portento.
Un ser fabuloso,
un serafín bello
yo amaba tan sólo,
y allá en lo secreto
del alma le daba
altares y templo;
de amores vulgares
juzgábame exento.
Mas cuando ya el alma
remontaba el vuelo,
otra vez a tierra
cayó sin aliento,
presa en la suave
red de tus cabellos,
herida de muerte
por tus ojos negros.
La riqueza entonces
de mi amor inmenso,
las nobles creaciones
del fácil ingenio,
la luz que ilumina
y dora mis sueños,
del alma profundos
y vagos misterios,
en tu beldad propia
su beldad pusieron,

ciñéndola en torno
cual cinto de Venus.
Por eso del alma
tuviste el imperio,
tu amor me dio gloria,
tu desdén infierno.
Sin ti yo pensaba
que el mundo era un yermo,
los astros obscuros,
los hombres espectros.
Contigo en verano
trocaba el invierno,
las nubes más tristes
en claros luceros,
en vastos jardines
los mares de hielo,
en flores las nieves,
en lindo lo feo.
No extrañes si ahora,
al ver que te pierdo,
perdidos tesoros
del alma lamento.
Por amor el alma
dio paz, dio sosiego,
libertad y vida
trocó por un beso.
Muerta la esperanza
y vivo el deseo,
¡cuán tarde conoce
el alma su yerro!
Mas no, no te jactes
del daño que has hecho,
ni temas mi encono
ni esperes mi ruego.
La que yo en ti amaba
en ti ya no veo;
no eres tú la diosa
que adoro tan ciego.
La diosa que adoro
no vive en el tiempo;
sus pies inmortales
no tocan el suelo.

EN UN ÁLBUM

Si lindos versos en el *Álbum* quieres,
no ya de mi agostada fantasía,
Elisa, los esperes.
Lograr de la Poesía
puedes los ricos dones
y la virtud secreta:
invisible a tu lado está el poeta
que sabe conmover los corazones;
que tras de sí los lleva en raudo giro
por magnético encanto,
y los hace llorar con dulce llanto
y suspirar con lánguido suspiro;
que si el vuelo levanta a las estrellas,
en todo sitio eternamente vive;
y en libros no, pero en las almas bellas
Canciones sabrosísimas escribe.
Prepárate a gozarlas: la tersura
del limpio corazón muéstrale luego;
él pondrá allí su gracia y su hermosura
con estilo de fuego.

El amor y el poeta

El poeta

Ser del alma, dulce amor,
en mi pecho sustentado,
de mi corazón criado
con la sangre y el calor;
¡Ay! ¡qué espantoso dolor
es no poder sustentarte!
No hay en mi mente que darte
ninguna divina idea;
antes que morir te vea,
vuela lejos, raudo parte.

En otro tiempo te di
el bien que perdido lloro;
saqué del alma un tesoro,
y en tus aras le ofrecí.
Ya no tengo para ti
ni esperanza ni consuelo;
no hay númenes en mi cielo,
no hay en mi mente hermosura;
tu luz, Amor, es oscura,
y tu sonrisa de hielo.

Cuando era mi corazón
joven, en él escribías
inefables poesías
de altísima perfección;
hoy es todo confusión,
que no sabes descifrar.
El desengaño borrar
logró cuanto tú escribiste.
Huye; que en mi pecho triste
ya para ti no hay altar.

EL AMOR

¿Dónde iré? ¿Puedo subir
a las moradas divinas?
Las esferas cristalinas,
que antes solías oír
arrebatadas seguir
con armonía su giro,
inertes, rotas las miro,
y si algo turba el profundo
mortal silencio del mundo,
no es un canto, es un suspiro.

¿En dónde está la mansión
de perfecta bienandanza,
que a la luz de la esperanza
te pinté en el corazón?
Tú agostaste la ilusión
y tú el encanto rompiste,
y pues ya el cielo no existe
en ti, será empeño vano
buscar el bien soberano,
de que renegar quisiste.

¿Dónde reposo hallaré?
¿Ese infinito vacío,
obscuro, desierto, frío,
cómo atravesar podré?
De espacio en espacio iré,
cual la luz, pronto en mi vuelo,
y eterno será mi anhelo,
y sin término el camino,
sin hallar la que imagino
eterna dicha del cielo.

Sueños

Mucho corre la luz, y el pensamiento,
aunque se junte a la palabra, vuela,
y sendas de metal sigue sumiso,
tan rápido cual cruza por el alma.
Va, con todo, más rápido el deseo:
se pierde en lo infinito, y solo busca
en insondable eternidad reposo.

Atrevida la humana inteligencia
triunfa del mundo, y los hermosos genios,
que en el fuego y la luz viven ocultos,
obrando allí maravillosas obras,
las ninfas de las aguas y los silfos,
y los fieros espíritus del Orco
oyen su voz y cumplen su mandato.
Pero Amor logra más, a más se atreve,
y combate con Dios, y de Dios triunfa.
¡Dichoso aquél que enamorado gime!
Amor, amor le llevará hasta el cielo.

¡Dichas soñé! Las Náyades estaban
prisioneras del rígido Vulcano,
y anhelando romper su cárcel dura,
la llevaban veloz sobre las aguas,
y yo en la cumbre caminando iba;
luego el Amor me levantó impaciente,
abrió sus alas, y voló, y salvando
muchas tierras y mares, en presencia
me puso de la hermosa a quien adoro.
Un siglo hacía que a su tersa frente
no tocaban mis labios ni a su boca.
Al fin su voz, su aliento, hasta su vida.
Y el brillo de sus ojos, y el encanto
de sus dulces palabras penetraban
en mi pecho otra vez por los sentidos.

¡Cuántos extremos de cariño entonces
hice al verla de nuevo, tan divina
como su imagen, que en el alma guardo!

¡Ay! Mas que nunca enamorada ella,
me estrechaba también contra su seno,
y de él salían misteriosas llamas,
consumiendo del alma las escorias,
y dejándola limpia como el oro.
Mayor felicidad no tuve nunca.
ni más dolor que al despertar del sueño.

Me encontré, al despertar, en las remotas
playas de Nicteroy, do calienta
el sol la tierra con fecundos rayos,
y brotan flores odorantes, ricas,
y gigantescos árboles pomposos
de perenne verdura; do los montes
asemejan titanes fulminados
en el momento de escalar las nubes,
y las islas flotantes paraísos,
y el mar su claro espejo. Aquí la vida
rompe, como los ríos, caudalosa
por los abiertos poros de la tierra,
y en el aire sereno se dilata:
oro y diamantes en las rocas cría
su plástica virtud. Aquí la sangre
hierve con el calor en nuestras venas.

Era el silencio de la negra noche,
y yo lloraba mi ilusión perdida,
y de mi triste llanto se burlaban
los tibios rayos de la luna, el aura
efervesciente [sic] en chispas vividoras,
y las antes recónditas estrellas,
del hemisferio austral lúcido ornato,
cuyo fulgor vio Dante sobre el rostro
de quien sin libertad no quiso vida.

Avergonzado yo del llanto mío,
escondí la cabeza entre las ropas,
y entonces sentí pasos en mi estancia,
como los pasos de persona muerta,
que abandona el sepulcro, ya perdida
la costumbre de andar y de moverse.

Conocí, sin embargo, que era ella,
mas no la vi, ni a verla me atrevía.
Llegóse junto a mí, y en las espaldas
una mano me puso helada y seca,
y yo temblé con espantoso frío;
y pensé que rodaban por el aire,
y que andaban después sobre mi cama
multitud de gusanos bulliciosos.
No dijo la visión palabra alguna,
pero su mano penetraba dentro
de mis entrañas, cual puñal agudo.

Ello es que siento aún en lo más hondo
del corazón horrible desconsuelo
y un peso atroz, como si allí llevara
sepultados mi amor y su cadáver.

A Malvina

¿Qué te diré, Malvina,
que igual al numen que me agita sea?
Grande el objeto, y mi canción mezquina,
y comparada a tu hermosura, fea
será, por más que remontarme anhele;
y aunque mi ingenio vuele,
y logre bosquejar su noble objeto,
nunca en mi canto vivirá el secreto
espíritu de amor y de poesía,
que por todo tu ser su gracia vierte,
y el corporal conjunto une y convierte
en resplandor y gloria y armonía.
No sólo en tu mirada
y en el lampo fugaz de tu sonrisa
ese espíritu oculto se divisa,
sino en la limpia sangre delicada,
por las venas azules de tu frente,
de tus frescas mejillas, y garganta
de cándida paloma,
al través del tejido transparente
y terso, libre gira;
en tu palabra canta,
en tu casto rubor colores toma,
y en tus suspiros con amor suspira.
Mi afecto en ese espíritu percibe
al genio de tu padre, que en ti vive,
que alma te da, que vida de ti adquiere.
La blanca nube sol estivo hiere,
y omnímodo, su luz esparce en ella,
multicolor, aurifulgente y bella.
Así el genio poético te anima,
y hace que yo te tenga por Kerima,
la que de Abdel-Raman al templo santo
condujo de las vírgenes el coro,
y danzó en los pensiles de Zahara;
luz de Mudarra, de Almanzor encanto,
de Córdoba tesoro,
joya de la poesía noble y clara.

A veces imagino
que eres tú la Leonor amante y pura
que, abrazada a la cruz, en su amargura
lamentó de Don Álvaro el destino;
y en ti veo a veces a la linda Zora,
fantástica y etérea, vaga y triste,
cual serafín, que enamorado llora,
como el sueño gentil de que naciste.
Sí; que emanación rica
eres del genio, y mora
en ti en esencia el genio. Vivifica
los versos sólo, y pasa de la mente
de tu padre a los versos virtualmente,
mientras que en ti, Malvina, está en esencia,
por lo cual a los versos te prefiero;
tal bondad y excelencia
ni en los del Duque hay, ni en los de Homero.
Brillantes son los dones
con que el genio, Malvina, te engalana;
estar de ellos ufana
debes, no atormentar los corazones.
Mejor quiero que imites en tu vida
a la que amó a Lisardo sin ventura,
que no a la Zora, que, de Eblis nacida,
del Éufrates bajando a la llanura,
fatal y hermosa, y áspid entre flores,
a Harú y Manú perdió con sus amores.
Dios los echó del cielo,
y en Babel se quedaron
(¡cuántos por ti se quedarán en Babia!),
y allí, por distracción o por consuelo,
dicen que el arte mágica enseñaron;
por eso aquella gente fue tan sabia.
Si ángeles hay aún, hiérelos luego
con mil dardos de fuego,
y muéstrales que hay cielos en la tierra,
ya que tu amor del cielo los destierra.
Y aun la mágica blanca te aseguro
que puedes enseñar, si es que te agrada;
cada palabra tuya es un conjuro,
un encanto eficaz cada mirada;

y si un suspiro de tu pecho brota,
volando sube por el éter vago
el alma más pesada, más idiota.
No tan ligero Suleimán el mago
se levantaba en su flotante trono,
y el infinito espacio recorría;
aves del cielo por dosel le daban
radiantes plumas, y con blando tono,
amorosas cantaban,
al compás de la eterna sinfonía.

A Genoveva

Si el sol de primavera
en la pradera posa
la mirada amorosa,
florece la pradera.
Si tu beldad quisiera
en mí suavemente
posar la refulgente
luz de tus ojos bellos,
infundiera con ellos
la poesía en mi mente.
Pues si nacen las flores
del sol al vivo rayo,
y en las noches de mayo
vuelven los ruiseñores
a cantar sus amores,
bien tu mirar podría
volverme la poesía
a su antigua morada,
desierta y olvidada
dentro del alma mía.
Así tan sólo creo
que tendría mi canto
de tu ser el encanto,
esfera del deseo;
la que en tus ojos veo
simpática dulzura,
los que en tu boca pura
destila, cuando ríes
en perlas y rubíes
aromas y frescura.
Acaso yo lograra
cifrar en mis canciones
las bellas ilusiones
que tu mirar declara;
y el candor, y la rara
discreción que revela
y las dichas que anhela
tu alma pudorosa,

y aquella luminosa
región por donde vuela.
Diera el ingenio mío
entonces, Genoveva,
maravillosa prueba
de su elegancia y brío;
¡mas yo propio me río
del imprudente ruego!
¿Quién me asegura luego,
al sentirme inspirado,
de no morir quemado
en tan hermoso fuego?

A GLÁFIRA, DE DOMINÓ NEGRO

Preste el amor su idea
al pensamiento, que en tu busca gira.
Quiero que el alma crea
que eres tú la beldad por quien delira.
Al través de la máscara vi un cielo:
vi la sonrisa con que tú sonríes;
néctar y aroma, en cáliz de rubíes,
brindabas a mi anhelo.
Eras, Gláfira, tú. Vi tu mirada.
que deleites augura.
Por el deseo el alma iluminada,
descubrió tu recóndita hermosura.
De tu voz el encanto
hirió mi pecho con tu voz fingida;
sentí en todo mi ser, sentí un quebranto,
inefable y más dulce que la vida.
Bajo el guante miré tu linda mano,
digna de acariciar los querubines,
formada, cual prodigio soberano,
de nácar, rosas, lirios y jazmines.
Ese espíritu leve,
que por tus venas rápido se agita,
y colora de púrpura la nieve,
entró en mi pecho, que de amor palpita;
espíritu sutil, que amor derrama
de la tierra en el seno,
y la cubre de flores, las estrellas
con mayor luz inflama
en el éter sereno,
al aire da las mariposas bellas,
los perfumes suaves,
el canto de los silfos y las aves.
Así renacen en el alma mía
juventud y poesía.
Como maná del cielo, tus amores
han de saber a cuanto el alma quiera;
filtro genial, esencia de mil flores
darán al alma, en verde primavera.

Si tú me amases, Gláfira, no hubiera
dicha igual a mi dicha. Sólo un beso,
un beso sólo de tus frescos labios
puede llevar el alma al paraíso,
darle en un punto, y con mayor exceso,
cuantas la mente de amorosos sabios
fingir delicias en el cielo quiso.
Nadie cual tú comprende
la inquietud de mi amor y devaneo:
de tus hermosos ojos se desprende
la luz do vive eterno mi deseo;
mágica luz, do veo,
cuando el color de la esperanza toma,
musas, Gracias divinas,
y huríes oji-negras de Mahoma
con las peris danzar y las ondinas.
En tu blando regazo
tal deliquio mi espíritu gozara,
Gláfira, si tu amor me concedieras,
que, unido al tuyo por estrecho lazo,
ver la luz del Tabor imaginara,
y la música oír de las esferas.
¡Ay! Temo que no quieras
lograr conmigo el singular contento
que amor promete a quien de amores sabe;
mas en tu egregio y claro entendimiento
entendimiento del amor bien cabe;
y espero que perdones,
ya que no les des vida,
estas enamoradas ilusiones,
que me tienen el alma derretida.

En el álbum de María

En tu virgínea frente,
de olorosos jazmines coronada,
el pudor dulcemente
la mano delicada
puso, y dejóla de ilusión colmada.

En tu mirada, pura
más que la luz de la naciente aurora,
la inocencia fulgura,
entre sus llamas mora,
y nítidos ensueños atesora:

El dedo colocado
sobre la dulce boca, adormeciendo
el velador cuidado
del mundanal estruendo,
Mientras tu corazón está durmiendo.

Duerme, duerme, ángel mío,
en fresco lecho de encantadas flores;
el ave en el sombrío
te cante sus amores,
el céfiro te arrulle y vierta olores.

DESPEDIDA

Voy a partir: mi corazón te dejo;
es tuyo, bien lo sabes, dueño mío.
Hoy, que de ti me alejo,
del corazón en cambio, sólo ansío
una tierna mirada
que vivifique el alma enamorada,
cual las líquidas perlas del rocío
el cáliz de las flores.
Y si no son, Señora,
dignos de premio tanto mis amores,
el corazón me vuelve que te adora.
Mas no; lejos de ti ¿cómo pudiera
vivir el corazón? Si hasta tu altivo
mirar le inspira plácido contento,
antes que lejos de su amor se muera,
quiero que aliente en el Edén cautivo
de la hermosura tuya y mi tormento.

Último adiós

Quien por el hondo mar la patria deja,
cuando la luz espira,
desde la nave en que veloz se aleja,
con lágrimas de amor la patria mira.
Y tal vez en su hogar los ojos para,
y en el campo y las flores,
y el campo de que el viento le separa,
en el viento le manda sus olores.
El rojo sol le manda en sus reflejos,
de la patria querida,
que va desvaneciéndose a lo lejos,
la imagen y la triste despedida.
Y se distinguen árboles y montes,
casas y prado verde,
hasta que todo en vagos horizontes
o en la confusa lobreguez se pierde.
Y ya en la sombra de la noche hundido
el fértil, patrio suelo,
se oye de las campanas el sonido,
y alza la vista el navegante al cielo.
Y la suprema luz de aquella obscura
melancólica hora,
y del vario paisaje la hermosura.
que el esplendor de los recuerdos dora.
Y el aroma fugaz que trae el viento,
y el sonar de los bronces,
y toda la impresión de aquel momento,
recibe y guarda el corazón entonces.
Así mi herido corazón recibe
tu imagen hechicera,
hoy que a tu lado el corazón aún vive,
y palpita de amor por vez postrera.
Pero si el mar del mundo le arrebata
paz, juventud y amores,
tú no serás a su cariño ingrata,
y bálsamo darás a sus dolores.
Del que le hiciste involuntario daño
sólo al amor se queja:

lejos de ti le arrastra el desengaño,
y en ti sus dulces ilusiones deja.
Mi corazón te pide una mirada;
mírame sin enojos,
y eternamente quedará grabada
en él la luz de tus divinos ojos.
Será trasunto y celestial idea
de mi soñada gloria;
gentil cifra de amor que el alma crea
y que indeleble guarda la memoria.
Talismán rico do escribió una maga
benéfico conjuro;
lámpara de oro que jamás se apaga,
y arde en el seno de la tierra obscuro.
Y levantado entre ilusiones muertas
sublime pensamiento,
y en llanuras estériles, desiertas,
solitario y hermoso monumento.

La maga de mis sueños

Dulce tormento de la vida mía,
hondo misterio de mi edad primera,
galana luz, de mi esperanza guía;
lozana flor que en el jardín floreces
de mi tierno y ardiente sentimiento,
que con las alas ¡ay! del pensamiento
por esa inmensidad te desvaneces:
como una virgen cándida, amorosa,
sobre tu blanco pecho me adormeces,
o tus labios de rosa
acarician mi frente con un beso.
El mágico embeleso
de tu suave voz hiere mi oído,
y el eco repetido
de tu cantar me halaga.
¡Qué quimérica y vaga
es la nube que encubre tu hermosura!
Que te miro doquier se me figura;
pero tú huyes, la esperanza mía
llevándote contigo,
y arrancando del seno de tu amigo
en un suspiro toda su alegría.

¿Quién eres que en las alas de mi mente
te remontas al cielo?
¿Por quién el pecho siente
el continuo desvelo
que me atormenta con dolor impío?
¿Quién eres, di, fantástica señora,
infierno, beatitud, noche y aurora
del corazón enamorado mío?

¿Eres quizá la rápida esperanza
que, con tus alas de esmeraldas vivas,
vas más ligera que el alado viento;
que retratas mi dicha en lontananza,
en medio de las ondas fugitivas
del mar del pensamiento?

Sí, yo te vi flotar sobre la ola
de la mar agitada,
aérea y vaporosa,
y en esa inmensidad perdida y sola
derramaba tu frente enamorada
una luz misteriosa.

En la rica y amena patria mía,
de sus frondosas selvas en lo esquivo,
a veces de repente te veía,
y tu mirar altivo
o tu dulce mirar el alma hería;
y tu revuelta falda,
blanca, leve, flotante,
se solía rozar con mi vestido,
y, al desaparecer, de tu guirnalda
una flor me dejabas odorante,
que de ella se te había desprendido.

¡Oh veleidosa maga,
cuya beldad el corazón halaga!
¿Eres del corazón primer latido,
o postrer sentimiento?
¿Eres mi amor sin esperanza, acaso,
o mi deseo rudo y vïolento?
¿Eres un sol que se hunde en el ocaso
para nunca volver, o del aurora
el luminoso aliento,
que el cielo alumbra y el vergel colora?

A DELIA
IMITACIÓN DE LAMARTINE

El tiempo alegre que pasé a tu lado,
Delia divina, si recuerdas dime,
donde la rica en amorosos cantos
tórtola gime;
do la fragancia de las lindas rosas
el aura esparce con sus alas bellas,
y brilla el cielo como terso manto
lleno de estrellas.
Allí las ninfas en revueltos coros
danzas aéreas por el fresco viento,
y con la esencia de olorosas flores
mezclan su aliento.
Allí una noche, que recuerdo ahora
(lágrimas vierte al recordarla el alma),
te vi a mi lado, y relució en tus ojos
plácida calma.
Sobre la cumbre del altivo monte,
al ver del cielo el eternal zafiro,
y la nocturna silenciosa pompa,
diste un suspiro.
Y sus misterios, de entusiasmo llena,
tú me mostraste con la blanca mano,
la tierra, el cielo, el de sonantes ondas
fiero océano.
Tendí la vista al universo entero,
buscando objeto que admirar pudiera,
y a ti tan sólo te admiré y bendije,
Delia hechicera.
El aura mansa en sus ligeras alas
de tus dos labios el olor traía,
que son cual vaso de coral que guarda
dulce ambrosía.
Y tus palabras escuché, más blandas
que de las aguas el murmullo leve,
cuando el cristal del apacible lago
céfiro mueve.

La niebla entonces de la noche umbría,
que en leves gasas a los cielos sube,
formaba en torno de tu esbelto talle
mágica nube.
Y de la luna el adormido rayo
hiriendo, Delia, tu tranquila frente,
la pura flor de tu beldad mostraba
fresca y naciente.
Me pareciste… Pero no; ¿qué imagen,
Delia divina, mísera no fuera?
Nada terreno a mis amantes ojos
forma te diera.
Porque eres, Delia, el pensamiento hermoso
que un alma santa concibió en su sueño,
y que a los cielos en sus alas puras,
sube risueño.
Yo te vi, Delia, y consagrarte quise
este recuerdo de tan corto instante;
en él tu nombre grabaré, que el pecho
guarda constante.
Y si estos versos, que tan solo aspiran
a una mirada de tus ojos bellos,
consiguen ¡ay! que compasivo llanto
viertas en ellos;
ansío que digas: La canción amante
que me conmueve, mi beldad la inspira;
yo soy el numen que tan dulces tonos
doy a su lira.

EL FUEGO DIVINO

De la inclinada fuente
en copioso raudal brotaste pura,
alma luz refulgente;
entonces con ternura
latió fecundo el seno de natura,

como la casta esposa
en medio de su dulce primavera,
si en la entraña amorosa
la agitación primera
del fruto ansiado de su amor sintiera.

Tú eres la luz, la vida,
la inteligencia, el fuego, el movimiento;
tú la llama escondida
que da al sol alimento,
y armonioso vigor al firmamento.

Hijas de tus amores
la hermosura vernal del bosque umbrío,
y la copia de flores
que en el ardiente estío
el cáliz abre al líquido rocío.

Con vivífico aliento
virtud prestaste a la materia inerte,
la fuerza y movimiento.
que en sus átomos vierte
al sacarlos del seno de la muerte.

Y la forma elevada
misteriosa del hombre creaste luego;
a su mente sagrada
diste noble sosiego,
a sus ojos el brillo de tu fuego.

Levantaste su frente,
hermoso asiento de tu lumbre viva,
hacia el cielo eminente,

do a su mirada altiva
ni de tu ser la oscuridad se esquiva.

Cuanto existe en la tierra,
de oro y fango, de bálsamo y veneno,
cuanta virtud encierra
en su fecundo seno
el éter infinito, de astros lleno,

diste con armonía,
breve mundo, del hombre a la existencia;
como en oriente el día
brotó la inteligencia,
de su completo ser oculta esencia.

La pompa de los mundos,
todo ser, toda vida en ella vive;
los ámbitos profundos
del cielo en sí recibe,
y de su inmensidad los circunscribe.

su perfume derrama
la flor, el ave canta, el mar resuena;
cuanto aborrece y ama,
todo deleite y pena
está en el alma, y los espacios llena.

Su luz el astro envía,
y tarda siglos en cumplir su anhelo;
no acaba su porfía,
no hiere el mortal velo,
mas en el alma está como en el cielo.

¿Qué habrá que satisfaga
al ser amante en la creación entera?
¿De qué beldad se paga,
si por alta manera
todo en el alma está como en su esfera?

¿A qué este amor intenso?
¿Qué ignoto ser la voluntad adora?

¿Dónde el objeto inmenso,
la fuerza vencedora
que domine al amor que la devora?

¿Qué bondad, qué hermosura
hay en el mundo, que gozar no pueda?
¿Qué gloria, qué ventura,
donde se aquiete y ceda?
Ni ¿qué grandeza que a la suya exceda?

El alma es consonancia
de todo lo creado, y sus amores
son la luz, la fragancia
de estrellas y de flores.
¿Quién detiene perfumes y fulgores?

¿Dónde se posa y calma
el corazón, buscando su destino?
¿Do está la paz del alma,
dónde el centro divino
que suspenda su curso peregrino?

La bien templada lira
de cada cuerda exhala melodiosa
distinto son, y admira
de la máquina hermosa
dando el conjunto música armoniosa.

Enemigas y fieras
potencias une al mismo fin el hado;
así de las esferas
el giro arrebatado
da un concierto sublime y alternado.

La inmortal y sonora
de celeste virtud máquina ardiente,
que magnífica mora,
cual antorcha esplendente,
en el sagrado templo de la frente.

Ya no más confundida
con la materia se verá; ya dura
eternamente unida;
ya tan sólo procura
volar al foco de su lumbre pura.

Plegaria

Amor vult esse sursum.
(*De imit. Christi.*)

Raudal de vida, Espíritu divino,
sustento y luz del alma que te adora,
y que en tu busca, en medio del camino,
perdida, ciega, enamorada llora,
¿cómo podrá saciar en el mezquino
mundo, la sed de amor que la devora,
si en la esfera ideal, do su amor vive,
la inmensidad del universo inscribe?
Y aunque atrevida el alma consiguiera,
en progreso infinito dilatada,
sentir en sí la humanidad entera
y el espacio abarcar de una mirada,
en su alcázar ingente conociera,
emperatriz y diosa abandonada,
que aún carecía de su digno empleo,
que era mayor que todo su deseo.
Tú das, Señor, del corazón doliente
un bálsamo eficaz a la amargura,
y de tu trono la inexhausta fuente
brota, que satisface sin hartura;
y sólo hay ciencia en tu profunda mente,
supremo bien, clarísima hermosura;
por eso el alma, si de amor suspira,
gime en la tierra, y a tu gloria aspira.
De tu gloria olvidada, triste, inquieta,
el alma mía nunca se reposa,
a los sentidos, sin tu fe, sujeta,
yace angustiada en cárcel tenebrosa;
hiera, Señor, el alma del Poeta
un rayo de tu luz maravillosa,
para que este deseo, que le abruma,
en su fuego santísimo consuma.
Sé que el amor te vence, y yo te adoro,
y tú diste el amor al alma mía;
ella engañada prodigó el tesoro,
y en el mundo gozarle no podía,

ni fuera de él, entre los sueños de oro
de la lozana y joven fantasía,
ni en la Babel inicua, que levanta
nuestra razón, cuando tu ley quebranta.
¡Ay! Permite, Señor, que el labio mío
tu dulce nombre a pronunciar se atreva,
ya que en su centro el corazón impío
grabado aún, por tu bondad, le lleva:
perdona ¡oh Dios! perdona el desvarío
de mi razón, concédeme fe nueva,
y logre en ti mi espíritu reposo,
saliendo de este mar tempestuoso.

AL MIRAR TUS OJOS

Sueño, al mirar tus ojos, que suspiro
en dura cárcel. Por estrecha reja
cielos y montes enriscados miro;
un limpio lago su beldad refleja.

Flores, menuda yerba y bosque ameno
forman el cerco del hermoso lago;
ni ondas riza en su faz ni da a su seno
inquietud o rumor el aire vago.

Aquel silencio en soledad arcana,
a contemplar y a comprender incita
césped, árboles, montes, flor temprana,
ambiente claro y bóveda infinita.

Con difusos rubíes y con oro
de los cerros el sol ciñe la frente;
pero su oblicuo resplandor ignoro
si emana del ocaso o del oriente.

Tal vez al alba allí guarden cautiva
benignas hadas entre lindas flores;
allí tal vez perpetuamente viva
la lozana estación de los amores.

Vuelvo a mirar tus ojos con profundo
mirar, y el pensamiento se figura
que el lago en su cristal retrata el mundo
con más rara beldad, con luz más pura.

Todo mejor en su tranquilo espejo:
más armónico todo y delicado,
copia torpe es el mundo. Es el reflejo
de inasequible perfección dechado.

AMOR DEL CIELO

¿A dónde te remontas, alma mía?
¿Qué agitación es esta? ¿Qué locura?
¿Es amor por ventura?
No sé si amor será, pero es María.
Y si es María, que es amor recelo,
y siendo suyo, debe ser del cielo.

Hay otros mil amores,
de las ninfas nacidos,
que, del aire y la tierra moradores,
roban el alma, abrasan los sentidos;
mas el amor que en el Empíreo habita,
bellas almas herir tan solo anhela,
y aunque la dulce libertad les quita,
con místico deleite las consuela.

Por este amor te quiero,
y por tu amor me muero,
y con tan grata muerte
nunca osaré quejarme de la suerte.
Ni de este amor se queje tu marido,
aunque en tu alcoba le sorprenda, y mire
cual pajarillo revolando en torno;
aunque le halle escondido,
entre las flores, de tu huerto adorno,
cuando en tu huerto por la noche gire.
Amor tan pudoroso, tan bonito,
tan inocente y blando,
dará a tu esposo más placer que susto.
A ti también te gustará infinito,
porque este amor, que sabe amar callando,
ni pide ni da celos ni disgusto.
Rápidas alas lleva
sin que a otra parte que hacia ti las mueva.
Mayor delicadeza no atesora
el amor del *Cantar de los Cantares*.
Si mi amor no se inclina en tus altares,
hasta en el cielo desterrado llora.

Es, por su candidez, como de nieve,
por su ardor, es de fuego,
y si en tu seno a reposar se atreve,
como es tan limpio y leve,
ni le mancha, ni turba tu sosiego.

Interpretación de un sueño

Amor, bella Elisa, es
quien por ti los cielos deja
y enamorado se queja,
de hinojos puesto a tus pies.
Tú, que desnudo le ves,
pudibunda y enojada
le das una puntillada
con el lindo borceguí
por *shocking*, falto *d'esprit*,
y bestia mal educada.
Mas aunque el golpe le duela,
Amor reconoce bien
que merece tu desdén
su poquísima cautela.
Y como vencerle anhela,
se viste de caballero,
con levita, con sombrero,
con corbatín y otras galas,
y en vez de flechas y alas
se proporciona dinero.
Ya su interior hermosura,
que encubre traje de moda,
hasta después de la boda
a mostrar no se aventura;
y bien vestido figura
en la Fuente Castellana,
coche haciendo la galana
Conchita de Citerea,
y que cada pichón sea
una yeguaza alemana.
Tu sencillo corazón
sólo así logra vencer,
porque tú no has menester,
más bella que una ilusión,
que te dé su cinturón,
Venus, si Amor te propina
el oro y la perla fina,
la rica seda y la blonda
y el diamante de Golconda
y una excelente cocina.

A MELISA

A las cuatro, mañana
te espero, vida mía.
Por nuestro amor te pido
que acudas a la cita.
Imaginar no puedes
cuánto me martiriza
el esperar en balde
tu anhelada venida.
Desasosiego extraño
todo mi ser agita,
dos o tres horas antes
de la hora convenida.
No da tantos paseos
en su jaula la ardilla;
no corre más un toro,
si el tábano le pica.
Inútil es que piense
sino en lograr la dicha
de recibirte, y luego
besarte en las mejillas,
que la emoción y el susto
con púrpura matizan
y a las que da frescura
el aura vespertina.
No leo, si te aguardo.
porque las letras brincan,
y donde decir deben
Dios o *filosofía,*
dicen *amor, abrazos,*
y *besos* y *Melisa.*
No sé escribir tampoco,
porque la mente mía
el discurso y las frases
concertadas olvida,
y tan sólo recuerda
la obscura letanía
o la inarticulada
confusa retahíla
de suspiros y ayes

que la pasión nos dicta:
rudimentos fecundos
de la lengua divina,
que más tarde sabremos
en la región empírea,
al gozar con los ángeles
de la visión beatífica.
En fin, cuando te espero,
la duda me atosiga;
los celos, si te tardas,
me matan y la ira;
y siento, si no vienes,
honda melancolía.
Pero, si al cabo oigo
Sonar la campanilla,
me parece que suena
la célica armonía.
Vuelo a la puerta, abro,
y al verte tan bonita,
con tu mirar de fuego
y tu blanda sonrisa,
enamorada el alma
a tus plantas se inclina,
y agradecido beso
hasta el polvo que pisas.

A Catalina

Si la pompa y las galas, que a tus ojos,
el universo ostenta,
a serenar no bastan tus enojos,
ni se reposa en él, ni se contenta
tu inquieto y noble desear, encanto
no busques ni beldad más peregrina
en los dulces favores de las Musas.
Cuanto columbra de perfecto y santo
mi mente, y adivina
del empíreo en imágenes confusas,
si de forma se viste,
al encarnarse en la palabra humana
pierde su ser y mancha su pureza.
En sí tan rica la creación subsiste
como el excelso origen de do emana,
pero no goza el alma su riqueza.
Trasmitirla no pueden los sentidos,
ni abarcar de los seres la armonía.
La genial fantasía
sola guarda tesoros escondidos;
tesoros son que el alma misma crea
en su interior consorcio con la idea;
tesoros que, cual yo, no disipaste,
y en el cándido seno conservaste.
El amor que amó Psiquis allí mora
en toda su hermosura,
y el corazón te enciende y enamora,
y sale de su fuente limpia y pura,
como a la voz de Jámblico evocado.
Si pudiera mi espíritu contigo
llegar al templo del amor sagrado,
y de su gloria ser parte o testigo,
en un cántico nuevo rompería,
cual si en mí renaciera
la esperanza, esa flor de primavera,
fresca y lozana, cuando Dios quería.

RECUERDO

Amor, yo te bendigo;
y tú, delicia mía,
que al seno de tu amigo
aquel anhelo mágico
diste con tu beldad;
tú, que mi bien, mi guía,
tú, que mi gloria fuiste,
si te olvidé, perdóname,
que, arrepentido y triste,
merezco tu piedad.

Cuando viví a tu lado,
mi altivo pensamiento,
por el amor guiado,
a las regiones célicas
sus alas extendió;
incógnito concento
oyó de las esferas,
moradas hechiceras
de genios y de sílfides
contigo visitó.

La llama de tus ojos
borró del pecho mío
desengaños y enojos,
y dulces santas lágrimas
vertió mi corazón;
mi corazón impío,
mi corazón de hielo
ardió en la luz vivísima,
señora, de ese cielo
que en tu hermosura vio.

Ya te perdí. La suerte
infausta así lo quiso;
y también, al perderte,
de mis penas el bálsamo,
el sumo bien perdí.

Me echó del paraíso
en que mi orgullo abate
espíritu maléfico,
y me llamó al combate,
y en su poder caí.

Busqué nuevos placeres
para calmar mis penas,
amor de otras mujeres,
y el discordante estrépito
del mundo seductor;
mas sólo tú serenas
con tu recuerdo el alma,
tu hermosa imagen calma
este combate místico
que siento en mi interior.